LA VOIE DE LA SAGESSE

Direction de la publication : Isabelle Jeuge-Maynart et Ghislaine Stora
Direction éditoriale : Élodie Bourdon
Édition : Mélissa Lagrange
Coordination éditoriale : Stéphanie Chabert
Conception de la couverture : Géraldine Lamy et Anne Boudart
Conception de la maquette intérieure et mise en pages : Nord Compo
Relecture : Isabelle Chave
Fabrication : Nicolas Jover

Les Éditions Larousse utilisent des papiers composés de fibres naturelles, renouvelables, recyclables et fabriquées à partir de bois issus de forêts qui adoptent un système d'aménagement durable. En outre, les Éditions Larousse attendent de leurs fournisseurs de papier qu'ils s'inscrivent dans une démarche de certification environnementale reconnue.

ISBN : 978-2-03-598951-2

Anne Boudart

LA VOIE DE LA SAGESSE

LAROUSSE

« Je voudrais bien savoir où l'on trouve une aurore
Pour cette sombre nuit que nous avons en nous ! »

Victor Hugo, Les Misérables du capiton

(*Plus connu sous le titre « En marchant le matin »*
dans Les Quatre vents de l'esprit.)

Je ne sais
même plus
COMMENT
je me suis retrouvée dans
cette position.

Tête en bas, face au miroir...

Elle est là.

Je la VOIS.

On ne voit qu'ELLE.

Elle qui me scrute...

UNE ÉNORME RIDE AU CUL.

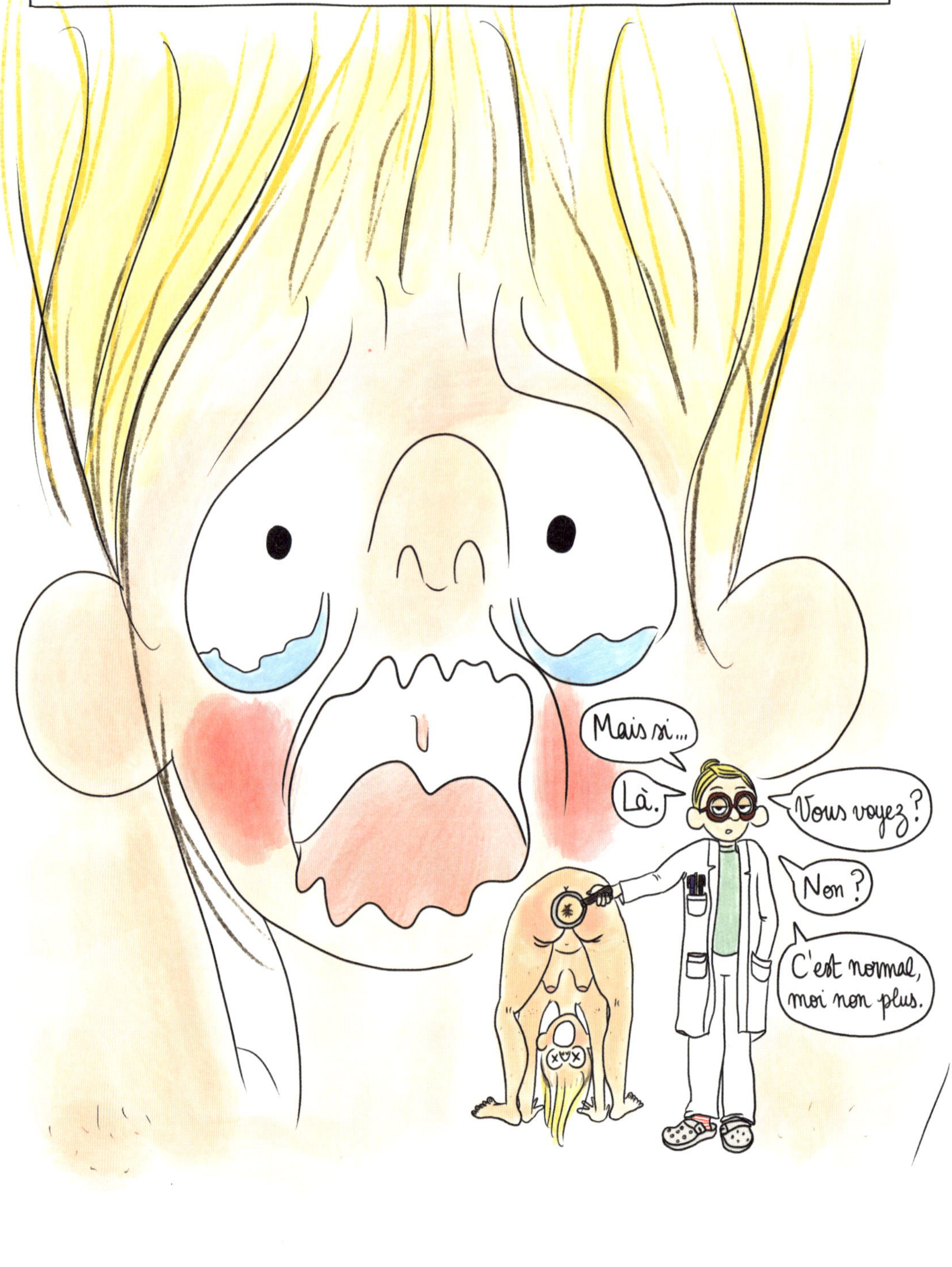

Un monstre calibre Grand Canyon.
Hier encore... J'avais vingt aaaans
(Le dessin en gros plan du trou-du-cul-crevasse a été retoqué par la direction.)
Combien de temps me reste-t-il ?
C'est déjà terminé, en fait...
Message reçu, merci bien.
Adieu insouciance... Coucou troisième âge.
USAGÉES (NE PAS RECYCLER)
QUI a oublié de refermer, ça pue !
Max va être horrifié...
clac clac clac
Je vais me faire plaquer pour une CM2 !!

Allô-allô, tour de contrôle ?!
GROSSE déviation de piste MAYDAY
neurones en feu, cerveau H-S, demande assistance
IMMÉDIATE, TOUR DE CONTRÔLE ??!!

Ressaisis-toi Nina !
camping
+ vieux trucs
+ pulls
Ventile !
Tu pourrais te faire bombarder au Yémen, être paraplégique... combiner les deux... Être styliste et bosser chez Desigual...

Et bien entendu, je suis **ENCORE** en retard.

Dans l'immédiat :

- s'habiller
- partir au boulot

Pas UNE FRINGUE ne pourra dissimuler ce chaos corporel !

Tout est fermé, j'peux rien aller m'acheter...

PURÉE DE MERDE

Comme si s'habiller n'était pas DÉJÀ suffisamment dur comme ça !!

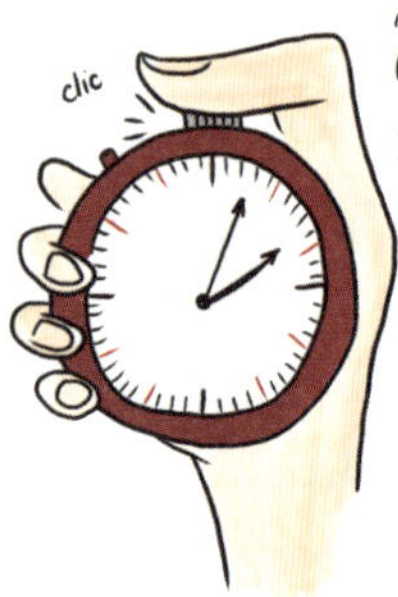

Hier 56 minutes montre en main pour trouver un haut.

56 minutes... que j'aurais pu utiliser à :

- lire Proust et devenir intelligente ;
- faire du bénévolat au lieu de penser à moi ;
- réveiller Max en lui faisant l'amour comme au cinéma ;
- écrire le reportage de ma vie (allez, le brouillon) ;
- apprendre le russe, etc.

TOUS-LES-JOURS je me le répète : balance ces miroirs, jette-les, brûle-les… ARRÊTE de t'examiner.

Tous les jours, je recommence. C'est une addiction. Pire que la clope, le portable, le chocolat…

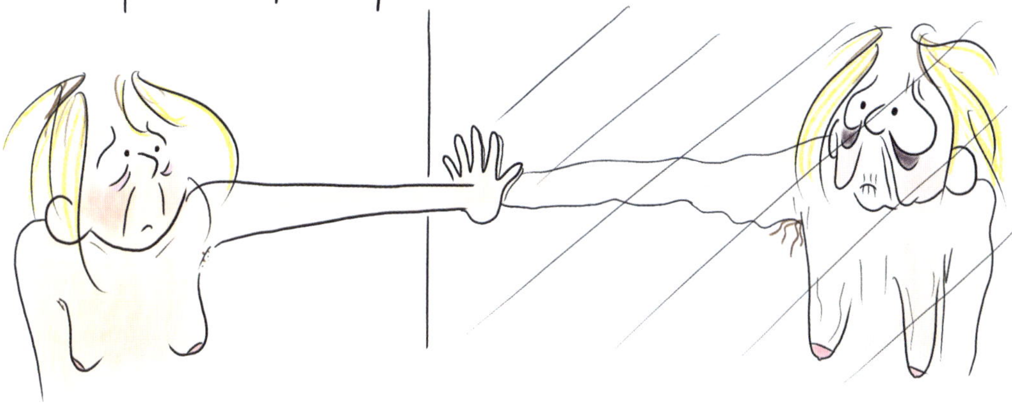

Sauf que LÀ, aujourd'hui… Franchement ça dépasse tout.

C'est à vous faire douter de l'Evolution parfois.

Je sais bien que je suis idiote.
J'ai envie de pleurer.
Est-ce que je réveille Max ?
Je crains que cela ne soit pas raisonnable.
Bébé, qu'est-ce qui s'passe ?
??
Pardon-pardon, mais c'est urgentissime !
Tu peux regarder si j'ai des bourrelets derrière les genoux, j'vois pas bien !
(hier)
(jeudi)
ÉVIDEMMENT que ça peut être un cancer de l'estomac mon ventre tout gonflé !
T'es débile ou quoi ?
Ninou, c'est normal le rouleau à pâtisserie et le filtre à café dans la douche ?
(lundi)
Ouais-ouais, anti-cellulite, t'occupe !
POURQUOI personne n'indemnise la névrose ?
Je serais millionnaire.

BREF, en plus du ventre (et du reste), maintenant, je me tape ce CUL!

Tout ça, c'est le pain, c'est sûr. Je le SA-VAIS que son « apéro-tartinades » hier c'était de la folie pure.
TADAAAAAAA
quelqu'un a commandé le meilleur mec de la Terre ?
C'est moooouaaa !
TA RACE LE PAIN !!!
odeur merveilleuse
CE PUTAIN DE GLUTEN QUI ME FRIPE LE CUL !!
Gooogle
Gluten anus ventre
https://www.sciencesexactes.blog//sans gl...
Zéro gluten : « J'ai failli mourir. »
12 oct 18 Pour maigrir, le gluten serait un super allié, mais il peut tout aussi bien conduire au désastre, comme nous le raconte Yvette...
Régime sans gluten : diabète et dépression à la clef !
Reportage chez Sylvie qui souhaitait ...
https://belleetmaligne.fr/sans gluten
Pas de gluten pour un ventre plat, le progra...
Le monde est VRAIMENT parti en eau de couilles, non ?

édition 5 arrêts de bus • **Le Monde** • édition 5 arrêts de métro

LUNDI 17 MAI

ÉDITION DU MATIN
FRANCE MÉTROPOLITAINE

Promis, vous ne nous lirez pas plus longtemps !

Son addiction au gluten la propulse dans l'espace !

► p. 2

Qui aurait imaginé qu'une accro à la baguette déclenche une crise à l'ONU en moins de 24 heures ? Analyse exclusive de Thomas Pesquet sur la trajectoire du ventre en orbite, des conséquences sur les satellites et ses réflexions sur la guerre internationale qui se prépare dans le cosmos. SUITE EN PAGE 2.

EMPORTÉE PAR SON MANQUE DE VOLONTÉ

► p. 3

Arrêter de manger, c'était pourtant pas compliqué. À cause de sa gloutonne-rie, Nina Blanchard bouleverse la géopolitique mondiale.

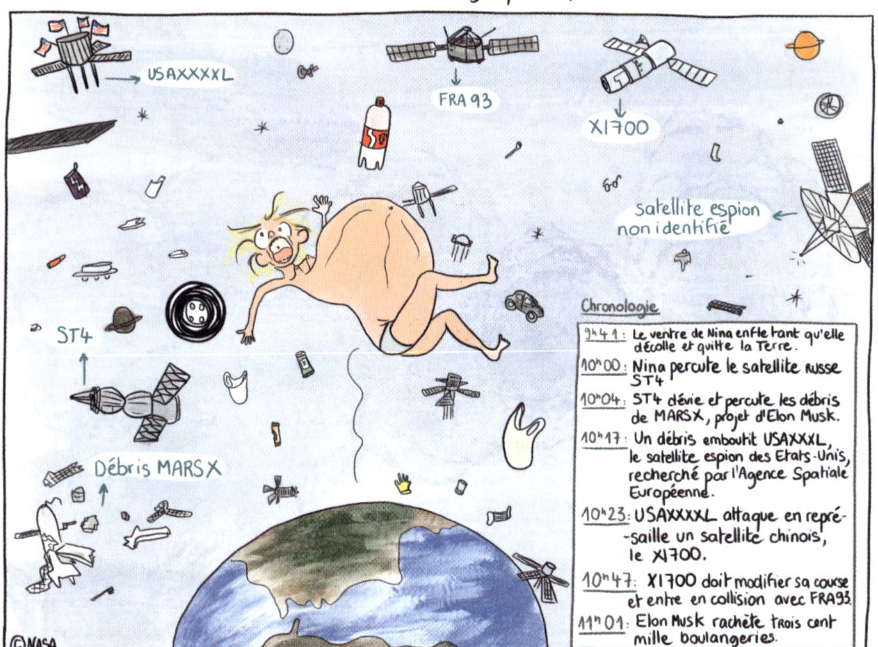

Chronologie

9h41 : Le ventre de Nina enfle tant qu'elle décolle et quitte la Terre.

10h00 : Nina percute le satellite russe ST4.

10h04 : ST4 dévie et percute les débris de MARSX, projet d'Elon Musk.

10h17 : Un débris emboutit USAXXXL, le satellite espion des Etats-Unis, recherché par l'Agence Spatiale Européenne.

10h23 : USAXXXXL attaque en repré-saille un satellite chinois, le X1700.

10h47 : X1700 doit modifier sa course et entre en collision avec FRA93.

11h01 : Elon Musk rachète trois cent mille boulangeries.

Environnement

Mise en lumière par le scandale Blanchard de la pollution spatiale. « I want you to panic » martèle l'Agence spatiale européenne. #JESUISGALAXIE sur les réseaux.

Culture :

Le festival « Ferme ta grosse gueule de pauvre », entre polémiques et carton plein.

Air du temps :

Positivons dans l'optimisation de nos existences intraconnectées et métafocus sur le monde extérieur de notre intériorité. Analyse du nouveau mode de pensée.

Politique :

Comme d'hab'.

Le tweet du jour : "RT pour une peine de 3 ans ferme &+" @Tribunal_Paris

LE REGARD DE PLANDU

Justice :

« On a commencé à relâcher des prévenus, on utilise Twitter quand on n'a pas de salle d'audience, on perd la tête. »
Maître Jenpeups

Et si… ?

Non, j'suis bête.
Je ne pouvais pas vomir ma ride.

Et puis j'avais dit que j'arrêtais.
Les Somaliens, ils aimeraient bien
avoir le luxe de se faire
dégueuler, eux !

Et en plus je sors un discours
méga-ethnocentré de connasse
occidentale ambiance
post-colonisatrice … J'me deg.

Qu'est-ce que j'y connais à
la Somalie ?

À part les reportages sur la famine ?
Tiens, j'y pense... Une retraite minceur en Somalie...
Y a peut-être déjà un concept ?

Mon problème...
grmblgrmbbergrrrrgbrmgrblerrgrrr.....
C'est que j'aime un peu trop le pain... La bouffe en général, quoi.
Qui pourrait me dire sivouplé merci, COMMENT ELLES FONT, CES ENFLURES qui n'ont JAMAIS faim le matin (ni jamais du tout, d'ailleurs) ?
Un caf'...
1,98 gramme de biscotte à l'avoine.
Et zou ! Parée jusqu'à ma feuille de salade sans dessert du déjeuner !
C'est pas un cancer de l'estomac que j'ai...
Josiane !!!
Pouvez venir svp ?!
Nina Blanchard
Mais une multitude d'estomacs. Trois, quatre... dix peut-être.
Bon allez, je m'habille...
Je m'épuise.

Le corps devrait offrir la possibilité de se mettre un coup de pied au cul.
Perso j'ai abandonné.
ZUT, le p'tit déj'?!
BANG!
Voici mes options:
Zen...
Confucius...
1 Zapper le petit-déj'
HOLÀ : calories comptent double à midi!
Faudra pas pleurer...
QUOI?
(Épiphanie dans un Femme Actuelle 1996 de ma mamie, info aussitôt clouée à mon cortex.)
2 Penser stratégique
Manger un oeuf : protéines, pas de sucre, ça me cale.
Tant pis pour les poules, on sauvera le monde plus tard.
À la guerre comme à la guerre.
3 Du pain..?
C'est MORT!
Vade retro Satana jusqu'en 2034, MINIMUM.
4 Des fruits?
Banane, non...
Une pomme? L'aliment pref' des anorexiques, je peux y aller détendue!
Remarque, faudra que je te découpe en mini-bouts bien digérer, pas gonfler du bide et je n'ai PAS LE TEMPS!!
« Gober un oeuf fait-il moins grossir que cuit ? »
TIC TIC TIC TIC TIC
Soit.
CRACK

Le vomi est proche.
Et on frôle la RTT niveau horaire là.
D'autant plus que Max se réveille...
Il va vouloir venir m'embrasser, me souhaiter une bonne journée... Or présentement, je n'ai aucune disponibilité émotionnelle, DÉSO.
Ninou?
T'es encore là?
Bébé?
3A
VLAM
WELCOME HOME
SA PUTE LA MAMAN
Evidemment il faut que je tombe CE MATIN sur le voisin bombasse. Logique.

SACAGUAPA, l'outil de votre joie !
Vous êtes moche ? Vieille ? Ridée ? Vous avez le cheveu indomptable, la taille bibendum ou les seins qui vous chatouillent le nombril ... ?
LA SOLUTION : SACAGUAPA !
Fermeture 100% Facile, idéale dès les premières ridules !
Protège des intempéries !
DISSIMULE TOUT
DEUX Sacaguapas achetés : LES GANTS EN ACIER INOXYDABLE OFFERTS !
Certifié 100 % tranquilité
Avec SACAGUAPA on ne vous verra plus du tout !
(Fonctionne également avec les caves.)
10% de réduction immédiate
Offre valable dans la limite des stocks disponibles donc dépêchez-vous de commander, d'accord ?
POUR VOTRE SANTÉ, CACHEZ-VOUS AU MOINS CINQ HEURES PAR JOUR. WWW.SECACHER.ORG

Ne me vois pas, ne me vois PAS !
Ni mes fesses ridées, ni ma dégaine de zadiste, RIEN.
Je n'EXISTE PAS.
Mlle Blanchard ? Ça va ?
AAAAH !
Super, merci…
Bonne journée madame R
MENG YUAN 梦源
NATURE BOMB
LE NOUVEAU PARFUM

NOUVEL FORM
L'OR DIVIN
Bzzz
83 LA FOSSATINE
PSYCHOLOGIE MAG
EN KIOSQUE!
Laure Toti :
"J'OSE ENFIN ÊTRE MOI!"
Amour : STOP à la passivité
Argent : se rassurer
JC LANGOISSE
RÉVEILLEZ VOTRE INSTINCT
Soledad Cruz Jean Pambarelli Mathias Lenormand Solène Rosarit et Yves Devonder
La Reconstruction de Zora
Le courage est une femme.
L'amour suffira-t-il ?
LE 30 JUIN AU CINEMA
Bravo mon chéri joli !
Faudrait peut-être que je passe à la pharmacie ...?

JCLENFER
RCNCONTR?.NET
Clémence, 28 ans : "Il est tombé pour mon grain de beauté !"
PROMIS, on va vous aimer pour vos défauts.
Un spray, de la crème, du gel, des gouttes, un sirop, des cachets, de la poudre, des gélules...
FORCÉMENT, y a un truc pour mon trou duc' !
Du Xanax à la limite ? Si on se détend la nouille, on se détend aussi la peau ? Ah mais non, ça provoquerait un fessier encore plus flasque... Mais un visage radieux ! Idée brillante, ça valait le coup de faire des études ! Pour en finir avec les rides de contrariété : une poignée d'anxiolytiques par jour ! Idéal.

J'ai vraiment la gerbe...
Je voudrais me vomir en mieux.

Sortir de moi.

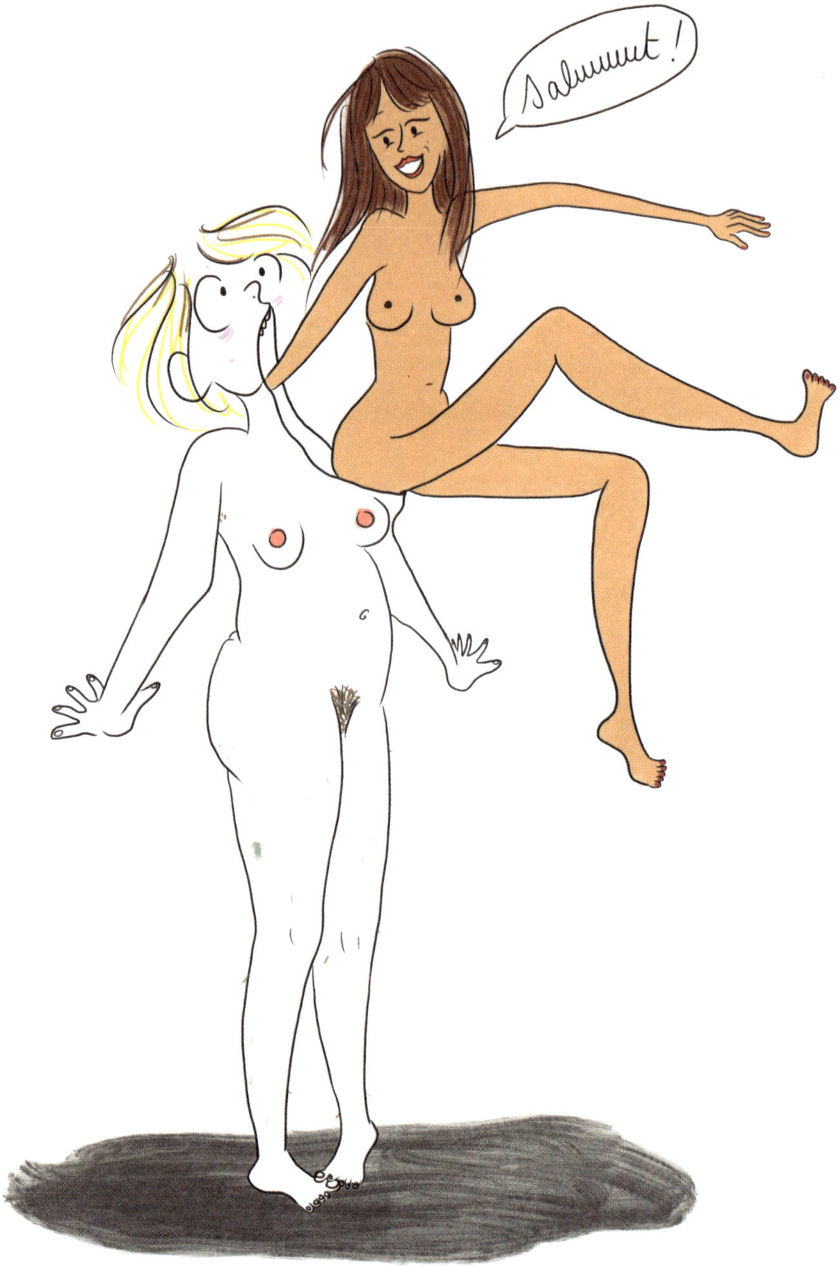

Evoluer façon Pokemon.

Au café « Chez Loulou », je suis comme au cinéma. La vie se passe sans que j'aie à participer. Je peux me fondre dans le décor, flotter... Observer toutes celles que je ne serai jamais.

Mon petit marché des possibilités avortées.

Je pourrais m'y cacher toute la journée.

Et aujourd'hui plus que jamais.

Comparatomètre disponible gratuitement chez les femmes terriennes, conditions d'attribution sur : /www.secomparer.org/.

DÉBAT EN DIRECT
1
LES GROS : QUELLE RESPONSABILITÉ ?
Des chiffres !
...
C'est juste DÉLIRANT !
Moi je ne suis pas grossophobe Madame ! Je ne vous permets pas !
Et la publicité ?
VOUS VOUS RENDEZ COMPTE de ce que...
Rien que cette question : « Les gros sont-ils responsables du réchauffement climatique » ?!!
Une "polyamoureuse" hahaha (...)
(...) C'est une queutarde oui !
(...) Moi je m'en fous !!
ha ha ha ha
(...) Tu comprends rien...
(...) hypocrite, cette possession de l'autre (...) intenable !
(...) respecter sa liberté, un amour existentialiste (...)
Position originale ...

Quel âge tu as toi ? quelle vie ?
À quoi tu penses ?
(Pire idée de gober un oeuf,
j'ai une nausée de l'espace...)

GRÈVE DES S
SOUTENIR LE SERVICE PUBLIC AU PRIX DE SA
BZZZ
MAX
Bébé, on déjeune ensemble ? Je t'invite !
MIAMM
déjeuner
FILTRES
· sans gluten
· romantique
· végé
· diététique
· bio
· gourmand
DA GIME
31, rue Victor
TRIER PAR
NINA
Bienvenue dans...
LA LOTERIE DU RESTO
DIABÈTE
GRAS
SUCRE
LE DANGER MYSTÈRE
SUICIDE
DÉPRESSION
CELLULITE
CALORIES
ALOOORS ... le fion tout moisi, c'est pour quiiii ?
Parce qu'on sait bien que Nina ne prendra JAMAIS laaaa... ?
(public en délire)
SA-LA-DE !
Désolée Max, je peux pas...

MAIS QUEL BORDEL cette matinée...
Zut, je prends trop de place...
Elle a besoin d'air peut-être, on vit ensemble, je suis trop fusionnel, moi...
Ou c'est de payer la note ?
Ça fait vieux gars ?
Ou je m'en fais pour rien...
Je suis en train de devenir complètement conne.
Ici repose
Nina Blanchard
1990-2021
Aucune ambition, son triste corps flétri à l'image de son âme a fatalement fini par perdre sa bataille pour la vie.

GNNN
Dites-moi à quoi vous pensez là-tout-de-suite ! Et pas de triche !
Je me raisonne. Non, on ne tue pas sa mère. Ça ne se fait pas. Pas du tout.
EEEUUH
OKAAAY…
EHPAD, donc. Tant pis pour la Martinique.
ET VOUS !
RADIO DES PENSÉES, MAINTENANT !
Je pense à cet incurable réflexe de me croire peut-être enceinte… lesbienne et ménauposée depuis dix ans, et ça continue !
À chaque fois qu'il me semble perdre pied, je soupçonne mon utérus pendant au moins un quart de seconde, c'est absurde !

Et vous? Dites-moi tout.
Je suis furieux contre moi-même.
Je l'avais marqué sur le frigo, l'agenda... Rien à faire, j'ai oublié de programmer l'enregistrement du Lubitsch qui passe à midi, c'est foutu.
PROPRÉNET
Ah oui, dommage.
Et par ici? Quoi de neuf chez vous?
Je ne me suis JAMAIS autant emmerdée de ma vie entière qu'avec ce livre. C'est terrible. L'évolution de la taille du clou depuis la Mésopotamie jusqu'à nos jours en douze volumes ET en latin m'exciterait plus que cet enfer. Voilà, c'est officiel: je vais enfanter par conformisme, ruiner la vie de cet enfant et la mienne. En plus, cette nuit, j'ai rêvé de Paul. Encore Paul. Paul du lycée, qui se contrefout de mon existence et qui ne veut pas sortir de ma tête VINGT-CINQ ANS après... vingt-cinq ans! Tout ça à cause de Marc Zuckerberg.
PARENT POSITIF! LE GUIDE
Ouais, j'imagine le bordel.

Elle disait quoi déjà, Anna Karina, dans ce film* ... ?
« Après tout, tout est **beau**. Y a qu'à s'intéresser aux choses et les trouver belles. »
Qui s'intéresse vraiment à moi ?
...
Max.
Café Loulou
MATHS
Sincèrement, j'sais pas comment il fait.
En tout cas : il est déjà onze heures bien tassé, et cette « affaire-enquête-Aliénor » est d'une déprime au moins équivalente à son improbabilité totale.
* « Vivre sa vie », de Jean-Luc Godard

Récapitulons depuis le début.
inspire expire
en un : ce matin, découverte de ma ride, choc mental de ma décrépitude physique.
en deux : arrivée au bureau, Michel et son ultimatum en pleine ...
Même pas eu le temps de faire pipi ...
(pousse)
Je me déteste à m'écraser en permanence devant lui, cette tronche de farci ...
NINA!
DÉPIL' BEAUTÉ
Le Courrier Républicain
Moitié farci moitié Lino Ventura.
Monsieur Michel te cherche PAR-TOUT !!
a abandonné les gluades mais pas le sens du théâtral.
SANDRINE SE POSE LA QUESTION FRANCHEMENT : EST-CE-QUE LA GAMINE A BU ?!
VAS-Y ! Il veut te voir dans son bureau depuis ce matin !
CERTAINS JOURS, LA MARCHE DU MONDE LUI ÉCHAPPE ABYSSALEMENT...
Désolée...
Mais euh, on est toujours "ce matin", non ?

ELLE QUI SE SAIGNE POUR INVESTIR DANS DES DERBIES VERNIES IMPECCABLES, JAMAIS DEUX FOIS LE MÊME CHEMISIER DANS LA SEMAINE... ET L'AUTRE QUI SE DÉGUISE EN TOUAREG AVEC CHAMEAU GARÉ EN DOUBLE-FILE...
TRENTE ANS À SE POLIR LES CUTICULES, ARRIVER EN AVANCE, SOURIRE, NE PAS COMPTER SES HEURES... POUR RESTER GRATTE-PAPIER.
PENDANT QUE «SANS GÊNE NI RÉVEIL» GRIMPE LES ÉCHELONS...
Y A DE QUOI SE BOUFFER LES ONGLES QUAND MÊME.
ah...

Pas trop TÔT.
Je suis désolée
j'ai eu un problèm
de tram
Ferme la porte.
Ma petite* Nina...
* Le type n'est pas dénué d'humour vu qu'il frôle à peine le mètre virgule douze.
Tes retards, ça commence à BIEN FAIRE Nina.
Assieds-toi.
Entre nous, faut que tu m'expliques, Nina**.
(**Usage répété de mon prénom 100% horripilant.)
Tu m'arrêtes si je me trompe, Nina :
Tu as débarqué ici pour faire du journalisme, correct ?
Tu sais que tu as le pouvoir de faire bouger les lignes !
Tu es jeune, tu veux faire tes preuves...
Et tu sais que la survie de ce journal ne tient qu'à UN FIL, correct ?

C'est là que ça coince : retards quotidiens, zéro initiative, pas d'ambition...
MERCI, faut voir ce qu'on me demande de faire...
Je t'imaginais plus battante que ça, Nina, plus bosseuse, plus de niaque !
Rassure-moi, Nina, tu sais que la femme moderne se sort les doigts du cul ?
D'autant PLUS les journalistes ! Regarde Samia de France Bleu qui s'est fait péter le bras. Elle y va, elle !
Pas besoin d'aller jusqu'au bras cassé, quelle galère, l'assurance et tout oh la la...
Mais faut y aller ! LÀ, c'est ta chance Nina, passe à la vitesse supérieure !
Tu le sais, les vieux de la vieille comme moi, c'est fini, c'est aux filles comme TOI de faire tourner la boutique !
ET MAINTENANT on tient un sujet qui peut nous aider !
ALLER CHERCHER LES LECTEU
FAUT INNOVER
Nina tu le SAIS : il FAUT qu'on dope les ventes sinon ON MEURT, clef sous la porte, chômage, circulez, c'est terminé.
Correct ?
L'avenir du journal est entre TES mains !
Nina
MOI, je te fais totalement confiance, je sais de quoi tu es capable !
BREF
BREF
On va pas y passer la journée...

Avec un notable en coupable tout désigné en plus
...
Franchement Nina, ça ne pouvait pas mieux tomber.
Il s'agirait de ne pas me décevoir, je compte sur toi.
Le journal compte sur toi.
(glup)
Sinon tu jartes, en somme.
→ CINQ JOURS.
→ L'article de l'année.
→ Sur la morte du vagin (la plus jeune, hein.)
É?
enquête complète, sourcée, vérifiée, unique, avec de la personnalité, de l'audace...
Clef en main, scoop inclus.
Tu es journaliste, jeune,
tu as un vagin : c'est pour toi !
De QUOI il me paaaarle...
Je dois filer, on se fait un point à mi-parcours.
FLAP
FLAP FLAP
FLAP
FLAP

SANDRINE S'EN VEUT UN PEU D'ACCUEILLIR EN ELLE LA DOUCE VISION...
... DE NINA EN PUNK À CHIEN PROSTITUÉE ALLUMANT SA PIPE À CRACK.
Pardon, mais...
QUÉSSESSÉ C'T'HISTOIRE DE VAGIN ?!
Joséphine
Sur quelle planète tu t'es levée toi ?
Oh, Nina, MÊME ma fille m'en a parlé ce matin !
Patrice
DE QUOI IL PARLE, MICHEL ?
si même ma fille de quinze ans est au courant...
Jésus Marie Joseph et déesses des punks à chiens, accordez-nous la patience à défaut du pardon...
Sandrine

Nymphoplastie : nouveau décès
C... (France) - Une patiente âgée de 14 ans est la troisième à décéder des suites d'une opération de chirurgie esthétique du sexe à la clinique du Professeur Vincent Texel. Ses parents ont porté plainte. (AFP)
T'as pas vu tes mails ?
Une « nymphoplastie » .. ?
Une chirurgie pour nymphe ?
Tu viens ?
ou pour nymphos ?
Viens.
Slurp
J'vais te montrer.
tic tic tic tic
Les réseaux sont devenus dingues.
On a de tout : cris au scandale, injures, blagues pourries, pétitions...
Tweeter
1k Retweets 1,6k J'aime
DarkLove@FiFi45
C'est ça d'être accro au porno, on veut une chatte de poupée gonflable et on en meurt. Les filles, vous êtes au courant maintenant. #ehoué
VivFam @VivFamille
Une enfant de 14 ans. Les #parents méritent le bûcher. Ou la guillotine. Voire les deux. J'ai un chalumeau si besoin.
Mister D @RMisterr Dibi 01
La meuf vivé en quel époque wsh toutes les teuch sont sex, moi jmen occup de vos abricots pas besoin de chirurgie médames.
isabelle1274 @isabelle des plaines
Nos petits sont intoxiqués par les idéologues de la décadence. Quand allez-vous vous réveiller ? Ré-introduire l'enseignement de Jésus ? Protégeons-nous !
JM ♠♠ @JM007_jj
feminisalope, ça m'excite comme un buffle ça
Mais c'est trop vomitif, en fait.
Tout à l'heure j'étais à ÇA de publier un top 10 des réactions les plus surréalistes.

FOLLES DES VAGINS
DIRECT
JE SUIS CHARLIE
L'info est partie de TWITTER ?!
Ouais, c'est un gars de la morgue du coin (je te jure) qui a un compte à 30 000 abonnés, va savoir comment il se débrouille avec le secret pro'...
Bref. Ce matin il publie...
Altends, mince, c'est où...
AH, voilà :
grmbglm fonctionne JAMAIS cte télécommande grmlum
Morgus @morgusmagnus · 4h
Coucou les loulous, c'est lundi mais ne râlez point! Moi je commence avec un décès de mineure post-nymphoplastie. Je capte pas ce monde mais je démarre l'autopsie. Kiss cool !
147 403 89

AH!
Enfin, du son!
D TV 24 NEWS 10:39 DIRECT
C'EST LE COUP DE TONNERRE : ALIÉNOR, À PEINE 14 ANS, MEURT APRÈS UN REMODELAGE DE SON SEXE. DES SOURCES POLICIÈRES NOUS ONT CONFIRMÉ QUE LA JEUNE FEMME SERAIT BIEN LA TROISIÈME PATIENTE DU DOCTEUR VINCENT TEXEL À SUCCOMBER DEPUIS JANVIER À...
JE ME TROUVE ICI DEVANT LA CLINIQUE, BLA BLA BLA...
ALERTE INFOS DIRECT :
OBSÉDÉES PAR LEUR SEXE : 3 DÉCÈS
INFOS NON STOP
Un remodelage de la CHATTE ?! Formidables progrès de la médecine ! Ils font donc les culs, j'imagine ?! Je peux négocier un combo ?
Si je PROUVE que ces décès ne sont que de regrettables accidents, bonjour les réducs !!
enquête magistrale
humble malgré tout
Texel aura besoin de se refaire une clientèle et il m'offre une formule complète !
Dieu m'envoie un cul !!
Appelez Lourdes !
GLOIRE AU SIGNE DIVIN

Regardez-moi ça, ces abrutis qui divulgent le nom de la petite et son COMPTE INSTAGRAM!
Charognes.
PAS DE PLANÈTE B
DANSE
AH NON, PITIÉ! Comment vais-je avoir le cœur de négo-cier mon ravalement de façade ?
VOILÀ. VOILÀ OÙ J'EN SUIS, EN SOMME.
1 → Une affaire de l'espace à démêler...
AAAAA A AH
(menace de flancher à chaque seconde)
2 → ... dernière cartouche pour chercher du lectorat, sauver le journal, la démocratie locale et le paiement de mon loyer...
OK, peut-être que j'exagère un poil...
SVP POUR MANGER
Jipé?
3 → ... et une obsession MANIAQUE pour mon cul flétri (entre autres névroses) (et la lucidité d'être débile).
Absolue conscience d'être aussi loin de la plaque que du soleil.
environ 150 000 000 km entre l'intellect et moi
RAISON MAG
IMMOBILUS
Sentiment du bernard-l'hermite perdu à un congrès félin.
Je croyais avoir suivi les bons panneaux...
NINA

ET À QUOI DOIS-JE MON PREMIER « VRAI » PAPIER ?!
Mon expérience solide ?
CV
Nina Blanchad
Expériences Professionnelles
2017 - 2020 : Le Courrier Républicain
• Rubrique nécro, météo, horoscopes, annonces légales, renflouer les dépêches AFP.
• Quelques papiers culture et société quand on me les a confiés.
Profil
Méga anxieuse, charisme nul, humour pas extraordinaire.
Formation
Lycée, bac L, fac, rien de fou.
Intérêts
Lecture, ciné, me regarder le cul.
Mes reportages d'anthologie ?
23e Festival du Plus Petit Camembert
Et vous participez chaque année ?
Michel c'est pas du reportage, c'est de la communication là !
ET PAS la plus SUBTILE !
Nina, tu FAIS l'interview, POINT !
LE 28 MARS VOTEZ POUR VOUS
VOTEZ BASS
CÉLÉBRONS NOS AÎNÉS DÉGUSTATION DE PÂTISSERIES OFFERTE PAR VOTRE MAIRIE
Mlle ! Monsieur l'Adjoint vous attend !
NOooN
À mon vagin de moins de 50 ans...
Boug
Mais c'est quand même pas ma chatte qui va m'aider à rédiger ce papier...
Voyons-voir ce qu'ils en disent, les vrais journalistes.
Libé
« À C..., décès d'une adolescente de quatorz
Le Monde
« C..., une adolescente de quatorze ans est
Le Point
... rien ici...
En gros, à deux virgules près, même brève sur les sites d'info :
« À C... une adolescente de 14 ans est décédée des suites d'une labiaplastie (ou nympho-plastie), opération de chirurgie esthétique visant le plus souvent à réduire les grandes lèvres du vagin, en vogue notamment chez les plus jeunes. La jeune femme serait la troisième patiente du docteur Vincent Texel à succomber en quelques mois. Une plainte pour erreur médicale et abus de confiance a été déposée par les parents de la jeune patiente auprès du tribunal de [redacted]. »

J'sais pas pourquoi, je m'attendais à plus de détails... Autre chose que le copier-coller AFP, quoi.
D'un côté, je comprends... Une ado qui veut une chatte glamour et qui en meurt... C'est pas de bol...
BREAKING NEWS
NYMPHOPLASTIES
DÉCÈS
Mais ça fait pas l'ouverture du 20 heures.
(Quoi que leurs choix éditoriaux sont parfois obscurs...)
hier
ET VOUS, PLUTÔT BEIGNETS OU GLACES ?
CE SOIR DANS VOTRE JT de 20h
TFO
C'EST L'ÉTÉ ! ET SUR LA PLAGE LA QUESTION BRÛLE AUTANT QUE LE SABLE : GLACE OU BEIGNET ?
ET FINALEMENT
Cette société qui, malgré TOUT ce qu'il s'est passé, n'arrive PAS à foutre la paix au corps féminin...
Toutes ces injonctions contradictoires...
Et puis : 14 ANS !!
Hypersexualisation...
Cette ado, exemple d'un système malade, pervers ?
La France laisse crever ses ados complexées ?
Exposition précoce à un porno patriarcal...
Et la chirurgie esthétique, dans un monde féministe... ?
Ce Vincent Texel... Qui est-ce ?
Un Dexter de la chatte ?
Un véritable assassin ?!
Ou un catho intégriste ?
Un frustré de la life qui s'en prend à ses patientes ?
Un vieux mec qui ne supporte pas la libération sexuelle ?
ÇA Y EST...
C'EST MA CHANCE ?

Il a raison Michel.

Ce papier, c'est l'opportunité d'une vie !...
On dit merci quiiii ?
LE MIRACLE que j'attendais ! Le papier qui changera TOUT, qui fera décoller ma carrière, me déridera le cul, m'emmènera dans le monde entier !
Je mincirai de gloire, je serai adulée...
Merci
Merci
LAST CALL FOR LA PAZ, PLEASE REACH FOR GATE C...
NINAAA NINAAAA NINAAAA
Je vais recommander un café, comme ça je me lève...
Je me décontracte la carcasse...
Me re tonifie un peu le morceau...
J'suis plus à dix minutes t'façon.
squat
squat
Nellie Bly devait faire pareil.
Pulitzer aussi.
MENU
Oh bordel de queue.
Qu'est-ce qu'elle fout là, Miss France ?
JOSÉPHINE, VOUS L'AVEZ RENCONTRÉE T'À L'HEURE.
MENU
On peut pas être tranquille CINQ MINUTES.
Qu'est-ce qu'elle a à me regarder comme ça ?
OUI, je suis ridicule, OUI, je devrais déjà être en interview, lâche-moi Victoria Secret.
lisse
lisse
Pars, pars... Purée, mais elle VIENT !
MENU
Je vais gerber.

J'étais sûre de te trouver là !
T'as eu Michel ?
Je t'accompagne sur l'enquête côté photos, making of réseaux sociaux et cetera.
Je peux m'installer ?
Quel sujet… C'est complètement fou cette histoire…
JE RÊVE.
On m'envoie chercher un prix Albert Londres mais on me colle une babysitter ?
Rhaaaaaa ce qu'elle m'énerve…
tut tut tut
Grrr Grrrrr
À toujours jouer la gentille, belle, douce, photographe-artiste-experte-digitale webmaster de mon cul. Va chier des coquelicots ailleurs, c'est pas mon jour, ou je te fais bouffer des mottes de beurre à la pelleteuse.
Ah oui, BIEN SÛR, Joséphine trouve ce drame :
« complètement fou »
Ooooooh, se faire couper le va-gin ?
AAANNH… Vous voulez dire, le sexe ? NOOOOoOOON…
Pauvre chou, viens-là que je te réconforte…
Aaaah ben oui, forcément, on est dans un autre monde là… Se faire couper la chatte pour des filles comme vous, c'est total' FOU.
TOI, TA CHATTE, ELLE EST CINQ ÉTOILES, certificat d'excellence Trip Advisor, La Fourchette, Airbnsex et Booking.cul !

CHATTE
frotte
J'ai la Tourette de la teuch ma parole...
CHATTE
Qu'est-ce qu'il m'arrive ?
J'peux avoir un café sopé ?
Depuis ce matin je me demande : comment les parents ont pu lui donner l'autorisation ?
Des malboules.
...
La mère d'une copine de mon frère est devenue accro à la chirurgie esthétique...
Un truc assez horrible.

*Nina a regardé quand Joséphine est partie au petit coin : « facultés cognitives perturbées par la grossesse, possibles pertes de mémoire... »

Qu'est-ce qui peut amener une ado de 14 piges à vouloir remodeler son sexe et ses parents à répondre : « banco ! » ?
Leur gamine n'est même pas encore formée...
C'est d'une violence...
TUUUUUTTT

RÉPUBLIQUE FRANÇAISE
** 1,80 EUR
FRANCE
Pendant ce temps, à
Belle-Île-en-Mer,
Tiphaine Dahan se
demande si Alexandre
pourra aimer les oiseaux
autant qu'elle.
Probablement pas
Elle est bizarre.
Personne n'aime les gens
bizarres au QUOTIDIEN.
Et puis qui met son réveil
pour aller observer des fous
de Bassan sous la flotte ?
Tiphaine Dahan
12, rue des Petites Maries
[redacted]
Belle-Île-en-Mer
FRANCE

Je comptais me poser ici le temps de faire quelques recherches, prendre des notes, tout ça...
... cartographier un peu l'affaire.
Parfait, je vais commander un croissant, tu veux quelque-chose ?
Un CROISSANT...
José, please !
Non, merci.
Bon, alors...
Déjà : « nymphoplastie en France ».
Purée, faudra que je parle à sa famille ! À ses parents ... au médecin...
Respire, ça va le faire...
OH CON !
Y a un paquet de résultats !!

« Pour l'OMS, les interventions sur le sexe féminin ne présentent aucun avantage pour la santé. »
« C'EST DEVENU UNE VRAIE MODE. L'AUTRE EST LA RÉFECTION DE L'HYMEN. J'Y VOIS DEUX GRANDS PÔLES : D'UNE PART LA FORTE INFLUENCE DU PORNO SUR LES JEUNES FILLES ET LA DEMANDE D'UN ESTHÉTISME PARTICULIER ET D'AUTRE PART L'ARCHAÏSME RELIGIEUX AVEC LA RÉFECTION DE L'HYMEN. »
Libé.fr, article d'Emmanuèle Peyret, 2017.
UN DEVIS
Joséphine, écoute ça : GRAZIA.fr
En 2018, un chirurgien plasticien
le boum de la nymphoplastie
« AVANT, SI LA FEMME DEMANDAIT UNE PLASTIE, LE CHIRURGIEN (...) SE LIMITAIT À SON SOUHAIT. MAINTENANT IL TEND À UNE PRISE EN CHARGE PLUS GLOBALE DE LA FEMME POUR HARMONISER LE RÉSULTAT ET FAVORISER SON ESTHÉTISME (REMPLISSAGE DES LÈVRES AVEC DE L'ACIDE HYALURONIQUE OU DE LA GRAISSE NOTAMMENT). »
(interview de Clémence Renard)
BBC NEWS.com
« (...) CES JEUNES ME DISENT « JE HAIS MON VAGIN », « JE VEUX JUSTE QU'ON L'ENLÈVE »... POUR UNE FILLE, RESSENTIR ÇA ENVERS UNE PARTIE DE SON CORPS SI INTIME, C'EST TRÈS PERTURBANT. »
AAAAAH, on dirait une fente de lecteur CD, ça me dég' !
Fais voir...
J'HALLUCINE ! Non seulement un système nourrit en toi un mal-être si profond qu'il te vient à l'idée de payer pour qu'on te coupe le sexe (à tes risques et périls) pour te conformer à une pseudo-norme édictée de l'espace... mais EN PLUS on se permet de te fignoler à son goût avec un tube d'acide ou un bout de gras ! On découvre un monde, là !
magazine axelle.be, 2017 :
Un dossier réalisé par Alexia Durieu, Aline Jacobs, Tiffany Sales et Axelle Verstraeten
OPÉRÉE IL Y A DEUX ANS, TÉMOIGNE : BOUT DE DEUX JOURS, J'AVAIS DE PLUS EN MAL, JE NE POUVAIS PLUS FAIRE PIPI, QUI SUIS POURTANT RÉSISTANTE ! JE ME SUIS ÉVANOUIE AUX TOILETTES À CAUSE LA DOULEUR ET LE LENDEMAIN JE NE POUVAIS PLUS MARCHER. EN FAIT, J'AVAIS DES GERMES DANS LA VESSIE SUITE À UNE INFECTION. EN PLUS, J'AI DÉSORMAIS UNE LÈVRE BEAUCOUP PLUS GRANDE QUE L'AUTRE. CECI DIT, JE NE REGRETTE PAS CAR DE TOUTE FAÇON, ÇA NE POUVAIT PAS ÊTRE PIRE QU'AVANT. ET AU NIVEAU DE LA DOULEUR, ÇA SUPPORTABLE SI ON N'ATTRAPE
AVANT
APRÈS

«(...) ON A COUPÉ LES POILS, IL FAUT MAINTENANT COUPER LE RESTE ... »
Eh ben...
Où j'en étais, moi, à 14 ans ?
Si seulement elles pouvaient m'expliquer...
?
Parfois je rêve que (par exemple) Annie Ernaux débarque pour m'expliquer la vie plus en détails pratiques.
Bon, MA VIE en particulier, surtout.
Nina, je vous assure, pas besoin d'un nouvel anus, le problème ne réside pas dans cet orifice...
Ou Virginie Despentes...
Des fusées, des femmes qui explosent tout avec leur érudition, leur force, leur courage...
Je sens que je vais encore cloper un max avec tes conneries Nina...
Bon, raconte.
Nina...
Elles me trouveraient navrante, mais elles auraient un peu pitié et prendraient dix ou quinze minutes pour m'éclairer...
Ou Christiane Taubira...
Commençons par lire un peu de poésie, ça vous fera du bien.
(totale liquéfaction)
Allez, je vous offre mes lunettes, vous y verrez plus clair, ma chère.
Merci Madame Ernaux
Des êtres merveilleuses, des femmes qui comprennent, qui savent...
Même les mecs qui essaient de comprendre, ils sont à des années-lumière de nos réalités...
Est-ce qu'on pourra un jour se comprendre VRAIMENT, vivre en harmonie... ? Mystère et boule de botox...

En fait, l'idéal...
Ça serait de demander à Sara Piazza.
Qui ?
Sara Piazza, doctoresse en psychanalyse.
Elle parle du sexe féminin, des poils, entre autres...
Elle est passionnante !

(*) Extraits de la participation de Sara Piazza à l'émission « Poilorama », écrite par Emmanuelle Julien, Olivier Dubois et Adrien Pavillard, produite par Arte et Honkytonk Films.

(*) Extrait de l'atelier de Sara Piazza au cours du colloque "Genre et santé" (IEC, Inserm) en juin 2015.

CE SOIR, DANS This is the Tribunal La plus belle justice VOUS DÉCIDEREZ SI LES PARENTS D'ALIENOR MÉRITENT LA...
PER-PÉ-TUI-TÉ! CAAAR... THIS-IS-THE-TRI-BU-NAL!
TF1
En partenariat avec le Ministère de la Justice.
this is the Tribunal La plus belle justice
Coucouuuu!
J'ai Fiona Schmidt!
LÂCHEZ NOUS L'UTÉRUS
LE PATRIARCAT, IL PREND PERPET' OU TOUJOURS PAS?
Allez Monsieur, ça va être TOP, vous passez juste après votre femme OK ?
NINA

Alors les parents, VOUS crachez le morceau oui ou merde ? RIEN ne justifiait l'opération, pas vrai ?
La communication avec votre enfant, c'était pas envisageable ?
C'est QUOI votre PROBLÈME ? Tu reportes tes complexes sur ta fille ?
Maman, tu t'en occupe de tes gosses ? Ou t'as une vie
Et toi, Papa ? Tu te sens concerné ? Remodeler le sexe de ta petite fille, ça t'a pas choqué ?
Qui lui a donné une idée PAREILLE ?
L'éducation, c'est un concept
Z'allez pas nous dire que vous pensiez participer à son émancipation de femme ?!
chercher une piste dégoûtante d'une frustration sexuelle
côté Papa ?
Ou vous avez MÊME PAS
YOU-HOU !
OH JE TE PARLE.
ALLÔ ?

Combien ça coûte d'ailleurs, ce machin ?
2000, 2500, parfois plus.
T'as déjà regardé ?
Mmm...
Euhm...
Pour tout te dire ...
En fait j'ai failli le faire y a quelques années...
Je sais, c'est bête...
JOSÉPHINE TU TE MAGNES OUI ?!!
assez tôt, j'ai été extrêmement embarassée par mon sexe.
Je me croyais malformée, peut-être même malade, ou hermaphrodite...
Et à part la mienne, je n'avais jamais vu une autre vulve de ma vie...
De ce que je comprenais ici et là, il fallait absolument « l'abricot fendu ».
La Coquille sculptée
MOULECLAM
PRÊTE POUR LA SAISON !
C'était la vulve idéale, normale.
Eh ben j'suis pas arrivée...
Je n'osais en parler à personne, évidemment.
Maman ?
HEIN ?
Non, rien
QUOI ?
Rien, rien...
L'opération me semblait être l'unique solution pour une vie normale.
J'ai étudié les prix, les cliniques...

Quand j'ai vu LE NOMBRE de chirurgies proposées, j'ai halluciné :
- réfection de l'hymen
- lifting du vagin
- liposuccion du pubis
- nymphoplastie, etc...
Ça faisait vraiment usine.
Ça me paraissait trop énorme,
AVANT
APRÈS
TRISTESSE
JOIE!
flippant.
Puis j'ai lu qu'en sectionnant les lèvres (comme avec les seins), on retirait des terminaisons nerveuses, égal :
WHAT?
... moins de plaisir.
Je me suis dit que j'allais m'amputer de beaucoup plus que prévu...
Et tout ça, pour rien, gratos...
Enfin, « gratos », moyennant 2000 balles quand même !
hé
hé
eh hé ...
Je...
hé
hé
C'est fou que tu me racontes tout ça...
On se connaît pas, en vrai...
Moi non plus ça va pas, tu sais!
C'est pas évident ...
J'voulais carrément me faire amputer du cul ce matin-même !
Mmm...
Et euhm, c'était quand ?
Oh, dix ans à peu près, j'étais encore chez mes parents, aux Sables.

Je sors fumer une clope, ça te dit ?
Je t'accompagne ouais.
N'empêche...
... Ce que j'aimerais mettre la main sur les fientes qui ont mis en place le truc AU DÉBUT, entre deux tranches de mammouth...
Bon, les gars...
Les femmes sont les seules à enfanter, méga seum.
Qui est chaud pour les assujettir, les faire galérer
ET leur inculquer que c'est total logique ?
OUAIS !
Ça paraît plus sûr...
Cool.
Hop hop hop Martine, soirée privée !
Super ! Et on instaurera un culte du corps, ça va les obséder au max, leur vie entière se résumera à une vaine lutte pour tendre vers un idéal inexistant...
En vrai on va se marrer !!
LEVEZ LA PALUCHE CEUX QUI SONT POUR ?!
Ouh là làà... Qu'ouïs-je ? De la colère ?
Attention Nina, tu vas passer pour une aigrie de la chatte !

C'est drôle ce réflexe immédiat de blâmer les parents...
Ils n'étaient pas au bout du bistouri.
On a quand même un chirurgien qui, au lieu de soigner une pathologie, se met à remodeler tranquille des sexes de femmes.
Tu prêtes le serment d'Hippocrate pour finir par vendre des vagins fascistes à des enfants à peine pubères, y a un souci! Il a pas une mère ce gars? Une soeur, une femme, une fille?
Et puis ça ne choque personne cette pratique, c'est OK...
Comme changer de couleur de cheveux...

AUJOURD'HUI

on a quand même

décapité

BARBIE,

non ?

T'imagines vivre avec un chirurgien esthétique, l'angoisse.
Oups pardon allez-y
Café Loc
« Tiens mon coeur, pour Noël je t'ai pris des seins qui tiennent, on passe au bloc ? »
Faut déjà avoir envie de se taper un mec qui retaille dans des meufs complexées toute la journée...
Perso, ça me fait pas mouiller.
Rhaaaa, mais quel DÉLIRE, José !
Notre corps, le pauvre... 'Me fait pitié...
TOUT ce qu'on lui inflige... Par honte, par croyances...
Ça nous bouffe les tripes dès les premières cours de récré...
Cette loterie de l'enveloppe.
Et t'as remarqué ? Les Jeanne, Louise, Juliette, Camille, Pauline... les Joséphine...
(Entente parfaite entre cop's bouts de roseau.)
T'as pris les baskets de ta mamie ?
Nina, comme un poisson dans la poêle.
Façon Klimt, genre, tu vois ?
(Crinière Loréale Mustang Jolie)
ON S'EN FOUT !!
Aide-moi avec ma tenue de ce SOOOIR !!!
(Fonctionne aussi avec les Chloé.)
Hugo n'arrête PAS de nous regarder hihihi
(BIEN SÛR, elle joue au tennis.)
(Pub Gap® vivante.)
Schubert parfait
TOUTES des avions de chasse. À tous les coups.
Et moi, encore... J'ose MÊME PAS imaginer la pression en plus si j'avais été pauvre, ou noire, ou sourde...

Sérieux, c'est quoi votre truc ?
Entre nous Joséphine, avec ta tête et ton 36...
Le complexe du sexe c'est que, vraiment, tu ne savais pas quoi inventer d'autre, non ?
ha ha
Nan ?
ha
ha
Je plaisante...
Excuse...
Bonjour, ici Frustrada Débilesse, enchantée... on m'appelle aussi Délicatesse.
Pardon, cette matinée est un peu... crispante.
J'aurais vendu père et mère en solde pour naître dans ton corps.

Je suis bête...

Tu vois, rien de très original chez moi José, ego d'enfant occidental privilégié froissé à la naissance, bou-ouh.

J'ai beau connaître ses pièges, je n'arrive pas à m'extraire de cet impératif patriarcalo-capitaliste du :
« TOUT EST POSSIBLE, Y A PLUS QU'À, question d'efforts et de volonté. »

Je devrais m'engager auprès des personnes en vraie difficulté, des migrant.e.s, des femmes battues...

Ça me sortirait de mon cul.

bzzzzzz
Nina, on a hérité de plusieurs révolutions féministes, mais on est encore looooin d'être libérées... Des autres... de nous...
Allez, reprends ton stylo, on a une enquête bombesque à faire exploser !

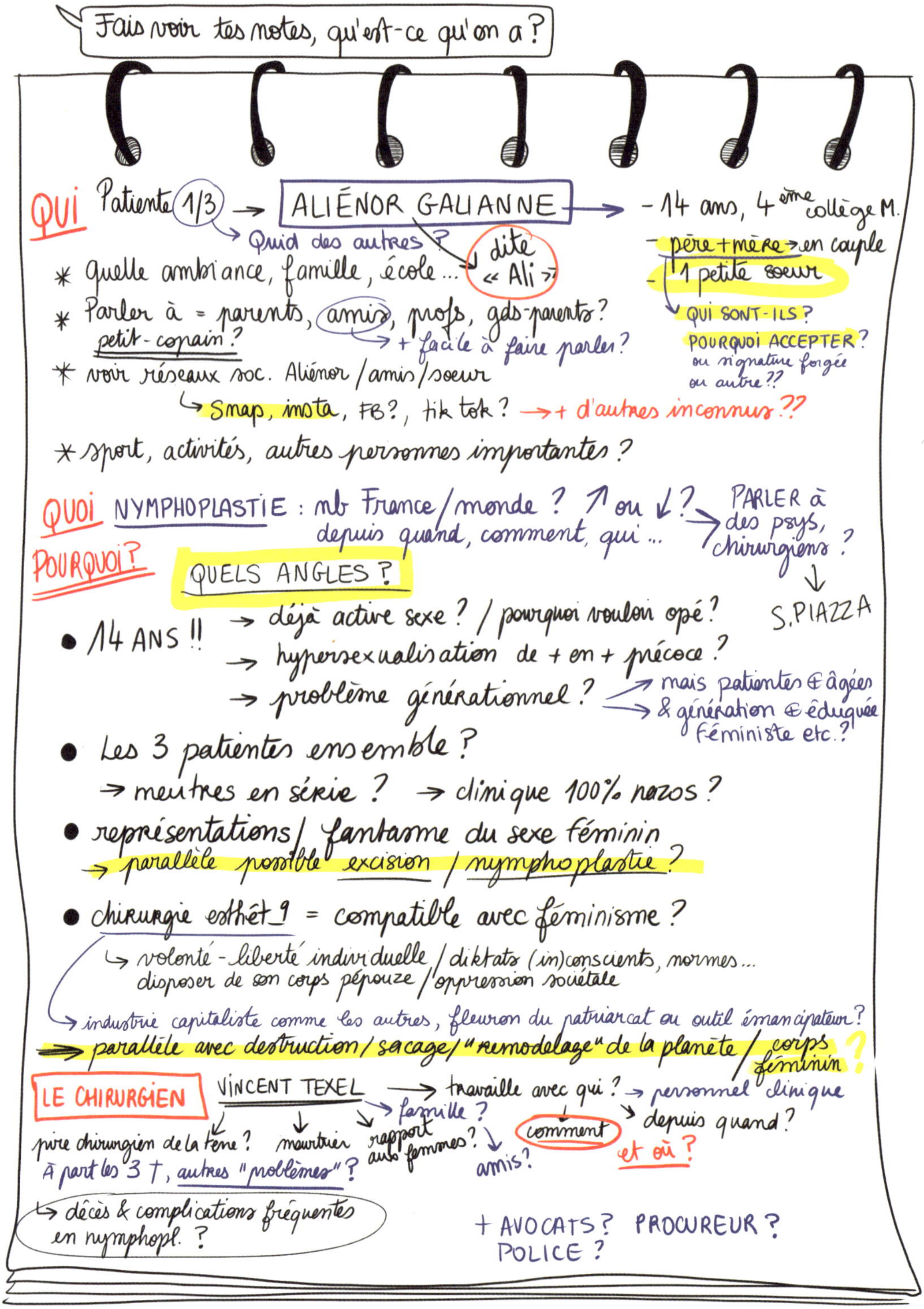

Fais voir tes notes, qu'est-ce qu'on a ?
QUI Patiente 1/3 → ALIÉNOR GALIANNE → - 14 ans, 4ème collège M.
Quid des autres ?
dite « Ali »
- père + mère → en couple
- 1 petite soeur
QUI SONT-ILS ?
POURQUOI ACCEPTER ?
ou signature forgée ou autre ??
* quelle ambiance, famille, école...
* Parler à = parents, amis, profs, gds-parents ?
petit-copain ?
→ + facile à faire parler ?
* voir réseaux soc. Aliénor / amis / soeur
↳ Snap, insta, FB ?, tik tok ? → + d'autres inconnus ??
* sport, activités, autres personnes importantes ?
QUOI NYMPHOPLASTIE : nb France / monde ? ↗ ou ↘ ?
depuis quand, comment, qui...
→ PARLER à des psys, chirurgiens ?
S. PIAZZA
POURQUOI ?
QUELS ANGLES ?
• 14 ANS !! → déjà active sexe ? / pourquoi vouloir opé ?
→ hypersexualisation de + en + précoce ?
→ problème générationnel ? → mais patientes + âgées → & génération + éduquée féministe etc. ?
• Les 3 patientes ensemble ?
→ meurtres en série ? → clinique 100% nazos ?
• représentations / fantasme du sexe féminin
→ parallèle possible excision / nymphoplastie ?
• chirurgie esthét. = compatible avec féminisme ?
↳ volonté - liberté individuelle / diktats (in)conscients, normes...
disposer de son corps pépouze / oppression sociétale
→ industrie capitaliste comme les autres, fleuron du patriarcat ou outil émancipateur ?
⟹ parallèle avec destruction / saccage / "remodelage" de la planète / corps féminin ?
LE CHIRURGIEN
VINCENT TEXEL → travaille avec qui ? → personnel clinique
→ famille ? → depuis quand ?
pire chirurgien de la terre ?
meurtrier
rapport aux femmes ?
amis ?
comment
et où ?
À part les 3 †, autres "problèmes" ?
↳ décès & complications fréquentes en nymphopl. ?
+ AVOCATS ? PROCUREUR ?
POLICE ?

Prendre la température...
Ça pourra toujours te servir, non ?

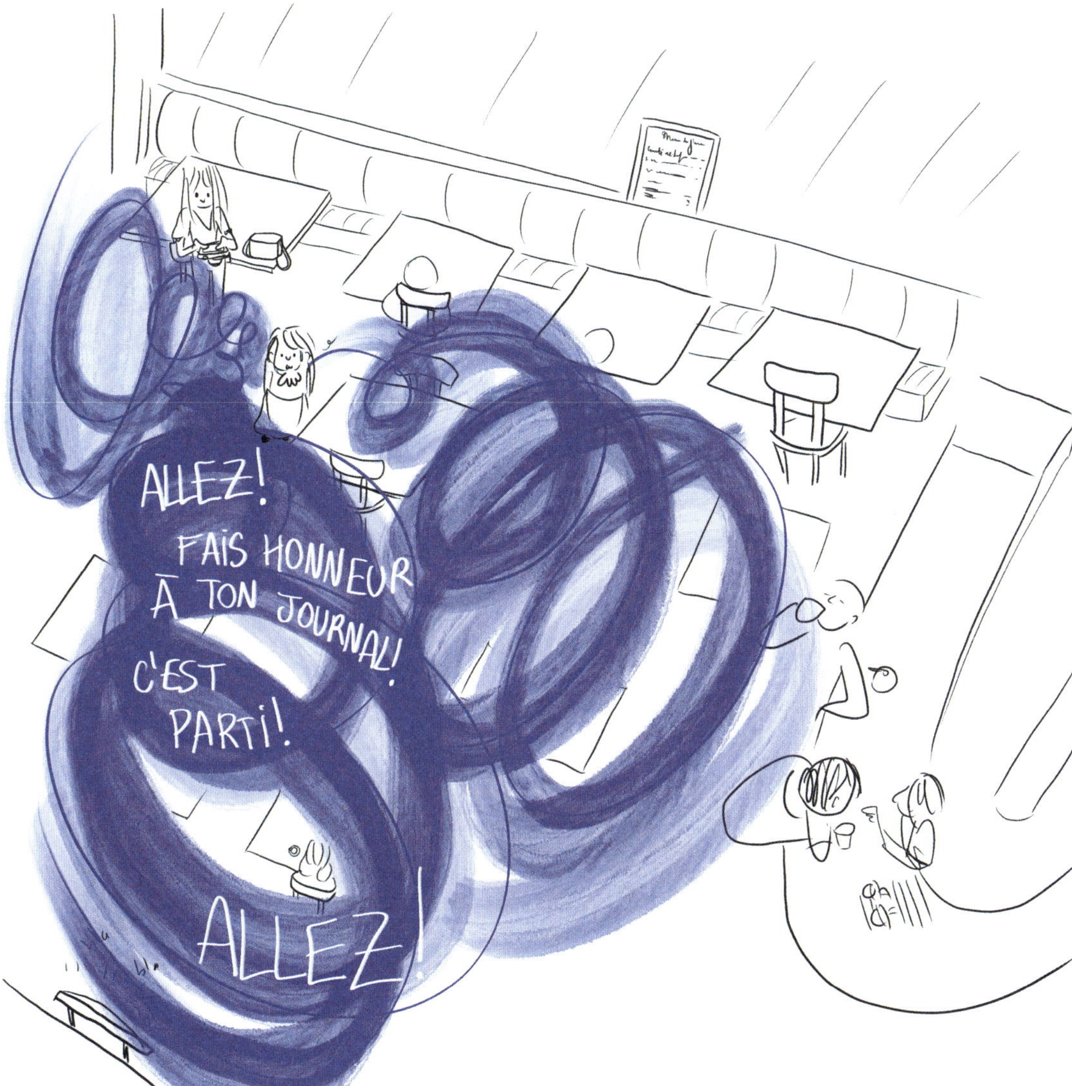

Bonjour, pardon de vous déranger, avez-vous entendu parler de cette affaire de nymphoplastie ?
clic
LA NYMPHOPLASTIE ? Et une retaille des pénis en pentagones aussi, nan?
C'est sympa les pentagones.
Ouais, tu peux enregistrer, pas de souci.
Enfin, que veux-tu... On ferait mieux de greffer des neurones. Les gens y veulent ressembler à des robots, tous moulés pareils, sortis d'usine. Puis j'vais te dire, la forme d'une chatte quand tu tires un coup... Qui s'en soucie ?
clic
clic
clic
Enregistrer
OK
Bonjour !
Je peux vous poser une question ?
Bah oui, c'est triste, mais je ne suis pas qualifiée pour vous répondre moi... Je connais pas ces gens et j'y étais pas, donc...
clic
Je n'en PEUX PLUS de voir des femmes se doucher au cinoche. Dans TOUS les films. Comme si c'était notre spécialité ! Se doucher. Les hommes bidouillent, téléphonent, sauvent le monde, on voit ni leur derrière ni leur savon. Ils réfléchissent, réussissent leur vie. Nous, notre plan de carrière : prendre la plus belle douche. Forcément, les petites se disent : va me falloir un joli bonbon.
Le jour où les mioches tagueront des vulves, des clitos, ça ira mieux.
clic
Le sexe de la femme, y a un tabou hein... La taille, l'odeur, le goût...
Comment ? Pardon ?
Vous parlez TRÈS BAS Mademoiselle...

OK, température prise. On bouge ? Les parents et Texel doivent déjà se faire harceler, autant aller ailleurs... On peut essayer le collège d'Aliénor ?
Parfait.
Eh attends, on l'a ratée, elle !
Elle lit Woolf en plus, elle t'aurait peut être dit un truc intéressant !
Et Woolf en anglais svp !!
Jacob's Room
Virginia Woolf
Pff... J'te parie qu'elle s'appelle Camille, qu'elle parle cinq langues, cuisine du millet grillé et fait du Krav Maga.
T'es con.
Du coup, non ?
Tu lui parles pas ?
ah bah ouais, forcément son mec est canon aussi.
EH MAIS ATTENDS !
SON MEC ...
C'EST MAX !

NiNa! Trop marrant! Qu'est-ce que tu fabriques ici ?!
Je dois couvrir l'affaire des vagins, j'sais pas si t'as entendu ?
avec Joséphine, tu sais, qui travaille aussi au journal.
Salut, Max.
bise
Enchantée, Joséphine.
bise
C'est TOi qui t'en charge ? Génial! T'es promue ?
Mmm... Ouais pas trop, nan... J't'expliquerai.
Dac. Allez je file, j'ai RDV avec une cliente.
BRAVO mon Ninou, tu vas rendre un papier EXTRA, t'es la meilleure! Et je t'aime!
AAAA ET BAAAM
Dans sa p'tite gueule de bombasse.
Non, non, je prends tout.
Ben non, Nina
a pas
de
!
Si si.
MAiS POURQUOi TU M'AiMES COMME ÇA MAX ?

Café chez Loulou
Qu'est-ce qu'il a l'air sympa ton mec ! Il te regarde avec des yeux de bébé phoque... Un vrai film.
aime-toi & l'Univers t'aimera
All you need is loooove
love and yogaaa
#moncorpsestuntemple
and suurf
love
and chou kale...
BAM BAM
BAM BAM
BAM
Ouais, j'ai vraiment de la chance.
Nina ?!
Vous vous êtes rencontrés comment ?
Par hasard, y a trois ans. Depuis on s'est plus lâchés.

Un peu plus tôt sur Terre,
troisième étage d'un bâtiment
nommé «D», appartement 36,
la cousine d'Aliénor
est sur son lit.

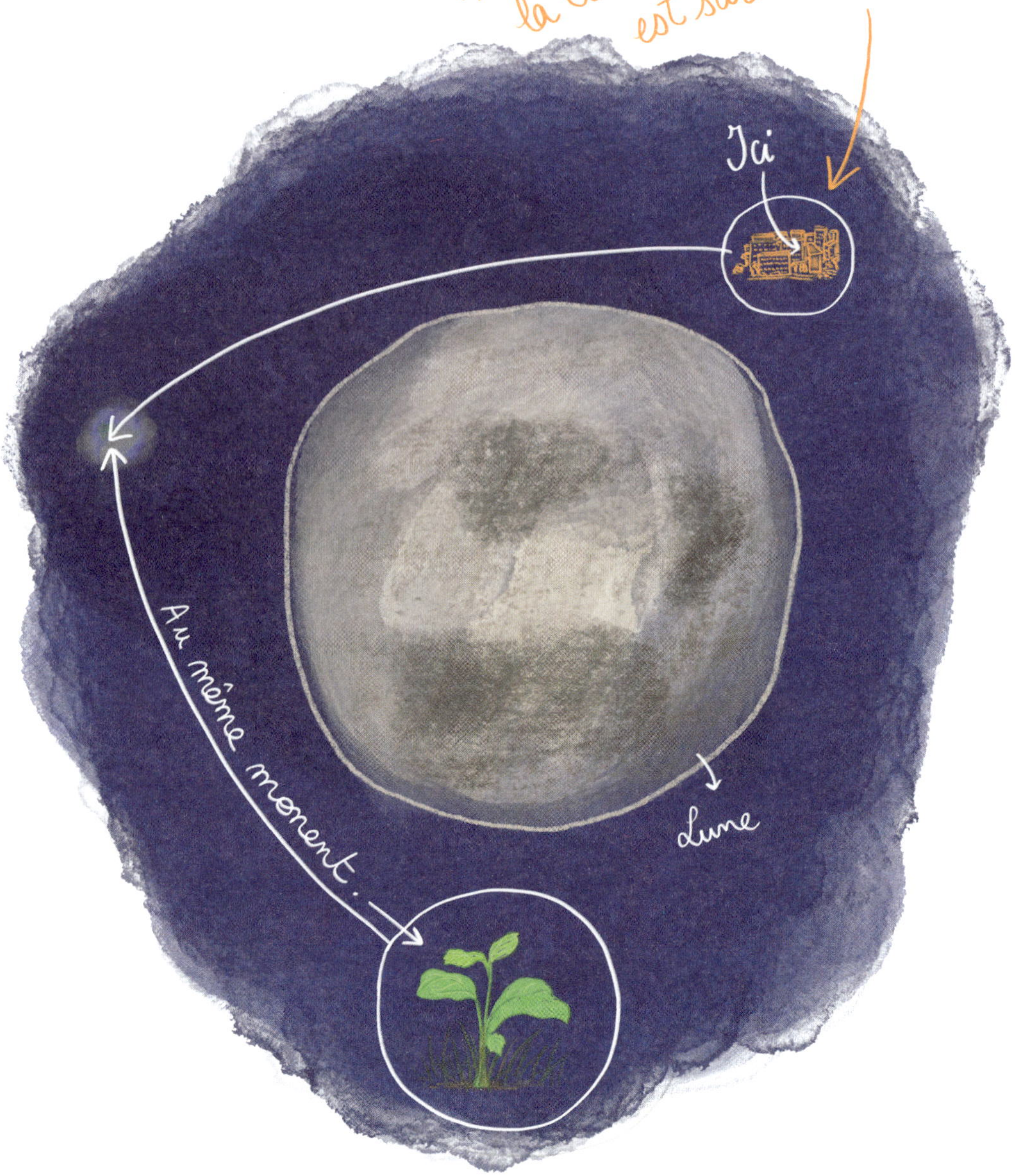

ANAÏS ESSAIE D'ENREGISTRER L'INFORMATION.
SHE'S GOTTA HAVE IT
BE A JANE
139813 CLEVELAND
7h34.
Je sais pas quoi dire, écrire. Pas quoi penser.
J'ai dormi genre 2h au max. Ou peut-être que je dors maintenant, en fait.
Je préférerais. Tellement.

GANG DU CLITO
Je retourne toutes les possibilités dans ma tête, rien n'a de sens. RIEN
RIEN
Mon alligator...
Qu'est-ce qui s'est passé ??
...Toi qui me parlait
y a 2 JOURS de la
ture du corps parfait...
omment on est arrivé là?!
COMMENT tu m'as
rien dit et putain mais comm
i RIEN V
J'entends Maman hurler qu'on va être ENCORE en retard, ce qui veut dire qu'elle ne sais pas... La pauvre... Ça me fait mal. Elle s'imagine que tu vas nous attendre, comme d'hab', devant La Poste. Pourquoi tata ne lui a pas encore dit ??
SHAKIRA WAKA WAKAAAAA
EL DORADO WORLD TOUR
VENDREDI 15 JUIN 2018 A 20H00
avec ta BFF à VIE
SPEAK UP
DO IT ANYWAY
TAKE UP SPACE
BE HOPE
ALEXANDRIA OCCASIO CORTEZ
UN CERTAIN REGARD
LES AMOURS IMAGINAIRES
UN FILM DE XAVIER DOLAN

LA SONNERIE DE MIDI NE VA PAS TARDER QUAND NINA ET JOSÉPHINE APPROCHENT DU COLLÈGE-LYCÉE M., OÙ ALIÉNOR AURAIT DÛ ALLER EN COURS AUJOURD'HUI.

!
haha ha ha ha
haha
oh PUTAIN! ha
FRANCE CULTURE
L'éducation sexuelle des enfants d'internet
LSD, une série documentaire de Ovidie, réalisée par Nathalie Battus.

Dac', dac'... Donc maintenant on sait qu'à 12 ans ça discute « double péné » et « sodo » pépère...
Premier porno à 7 ans tranquille...
VOUS ALLEZ AIMER L'EFFORT!
Tu te remets à peine de la mort de Mufasa que déjà tu passes aux éjac' faciales...
Un peu rude.

quelques minutes, en ne parlant qu'à son prof principal...
Rhaaaaa!! Non, c'est NON!
DRRiiiinng
COLLÈGE-LYCÉE
clic clic clic
OUSTE!!
HORAIRES LOGE:
OK, OK...
Bonne journée...
Bon, c'était prévisible...
clic

ÇA ME CRAQUE.
C'est ÇA que les médias nous envoient ?
clic
clic
Comment tu sais qu'elles sont journalistes ?
'Faut bien qu'il y en ait, non ?
clic
clic
Mais j'imaginais plutôt des camions télé...
Merci l'enquête...
Excusez-moi.
Vous travaillez pour qui ?
Bonjour !
Au Courrier Républicain, un journal qui...
J'connais.
Je m'appelle Anaïs Brakni, c'est mon numéro, pour si vous cherchez quelqu'un qui connaît VRAIMENT Aliénor.
Les gens racontent déjà n'importe quoi...
Vous étiez amies ?
Cousines.
Comme par hasard, depuis ce matin beaucoup d'« ami.e.s »...
... ont beaucoup « d'histoires »...
N'écrivez PAS tout ce que vous entendez, d'accord ? Appelez-moi après les cours, vers 16h30.

...
Eh ben, euh ...la "petite" ...
ANAÏS
HA-LLU-CI-NANT.
Fais voir son Insta ?
Y a plein de photos avec Aliénor...
Je l'ai.
← anaisbr
TOP COMPTES PERSON
anaïsbrol__ll
anaisbrrr8
anaïsbrak
MINISTERE DU VIOL
SI C'EST UNE BLAGUE ELLE EST VRAIMENT PAS DRÔLE !!!
On dirait des Wonderwomen version de poche...
Elle font autre chose que de se mater le fion, elles.
@Alistiti
24 j'aime
anaïsbrak #Aliouistiti
16 ans, elle a.
HEIN?
PROTEGE VOS FILLE
ÉDUQUEZ VOS FILS
TENUE ≠ VIOL
14 j'aime
alistiti @Yasss Président #Lundi14Septembre
ARRÊTE de NIQUER ta MER
SI LA PLANÈTE ÉTAIT UNE BANQUE VOUS L'AURIEZ DÉJÀ SAUVÉE!
SEA SHEPHERD
31 j'aime
anaïsbrak Pas de planète B. #soyonslec
MAIS QUI SONT SES PARENTS ET PEUVENT-ILS M'ADOPTER?
Non, rien.
La session du soir
Le compte d'Aliénor est encore ouvert...
23 j'aime
alistiti Comme un lundi ❤ @anaïsbrak

Faut que je passe aux chiottes.
J'vous attends.
pia pia pia pia
pia pia
Bande de putes.
BZZZ
Quoi ?
Rien rien.
BIP BIP
BIP BIP
MAIS NON !
Pourquoi y a JAMAIS de PQ ??
fais caca chez toi !
Elias suce :
Louis nique ton père merci
É 1 GROSSE PUPUTE
Bip
T'AS VU ?
LES MEUFS !!
BIP
pia pia pia
ON A VU !
Elle est pas dans la classe d'Ali ?
Ajoute-moi si tu veux des nudes !
Si c'est Lara.

OH JE PEUX PLUS ME LES VOIR, CES COMPTES !!
Ouais, mais tout le monde les regarde quand même ...
DRRRiiiNG
J'sais pas, on peut rien faire contre les mecs qui font ça ?
Qui te dit que y a pas de meufs ?
pia pia pia
Ali... Elle avait encore jamais couché, non ?
Nan, j'suis sûre.
Tu crois qu'elle a eu peur de se retrouver sur un tableau de chasse ?
D'avoir une mauvaise note ?

Je sais pas...
tonio_o0o
Ollab et 38 j'aime
tonio_o0o Qui Reconné la récolte du jr ?
4/10 pas ouf.
manger5fruiélé par jr
Tonio a posté une nouvelle conquête ?
Peut-être...
Si t'as des DOSS sur une ptit pute
Envois par DM !
Envoyer un chat
S'IL VOUS PLAÎT !!
TAP TAP TAP
On n'est jamais sûr de pouvoir niquer tranquille avec ces groupes de l'angoisse !
Peut-être que j'en parlerai aux journa-listes...
Je retourne le truc, mais c'est tellement surréaliste...
JE COMPRENDS PAS.
QU'EST-CE QUI LUI EST PASSÉ PAR LA TÊTE ?!
Comprendre les variations climatiques
TAP TAP
ALLEZ, on est super en retard sur le programme !

Nous ne sommes PAS FAIT pour vivre uniquement à DEUX, c'est tout ! Comment UN SEUL OISEAU pourrait combler TOUTES nos attentes ?! Quel fardeau !
Fous-moi la paix Marlène.
C'est celui-là pour aller chez Texel.
Dire qu'on n'a pas UNE voiture dans ce journal… Même pas un scoot ou des vélos !
C'te loose.

** 1,20 EUR
FRANCE
Pendent ce temps, Samia Rochdim (voiture à « votre » droite), décrète que si ce feu passe au vert dans moins de six secondes, elle repousse son projet de suicide à la fin du mois. C'est idiot, elle culpabilise tellement de laisser ses parents. Mais elle le sait, il va finir par la retrouver et il ne pourra pas s'en empêcher. Si elle pouvait au moins lui arracher cette victoire-là.
Samia Rochdim
3, rue Louise Michel
[redacted]
Premier feu du boulevard juste derrière
FRANCE
International

34 minutes, 12 arrêts de bus et 627 grammes de CO_2 plus tard...
Quel bordel, j'vais encore me faire engueuler...

La clinique de Texel devrait être juste ...
Rue Charlotte Bienaimé
gratte gratte
naimé
Là.
POURQUOI PAS UNE RETAILLE DE TES BOU LES
VAGINS OUTRAGÉS, MARTYRISÉS... LI-BÉ-REZ VOOUUUUUUUS !!!
TA BITE PENDOUILLE EH BEN MA CHATTE AUSSI
ESTHÉTICO FACHO
PAS TOUCHE
nous toutes.org
DU YOGA ET DES CUNIS
PAS
« Il faut souffrir pour être belle. »
Et ta GUEULE, tu l'as vue ?!

Voilà, bon, à deux-trois choses près, c'est ce que je m'attendais à trouver devant la clinique du Docteur Texel...
Et en fait...
DRRRRRRRRR
Le désert complet.
Jour 1
Toujours personne en vue, je traîne tant bien que mal la moule d'Aliénor...
rah
rah
jpp

Pas une seule âme devant la clinique, zéro badaud, journaliste, ou féministe... Pas un curieux, nada, walou... Tout le monde s'en fout.

Et pour couronner le tout...
Alleeeeez!
POUSSE
POUSSE
POUSSE
Il est peut-être au commissariat?
En tout cas il a disparu des tops Tweets... On est passé à un truc de foot, Rihanna vs Beyoncé... Koh L
CENTRE SANTÉ
SA MÈRE!
Mais y a bien au moins une secrétaire, une infirmière, quelqu'un!!
E SANTÉ
Apparemment pas.
J'suis bête, j'étais persuadée qu'on le verrait, qu'on pourrait lui parler, lui rentrer dedans...
Le pousser dans ses retranchements...
À le secouer, un peu de vérité aurait fini par tomber...
Pour une première enquête, niveau impartialité, efficacité et collecte de données, je suis au TOP NIVEAU.

C'est Michel qui va être content...
221 A
J'arrive !
J'arrive !
Je suis là !!
Il doit déjà se demander où j'en suis...
frotte
frotte
RON
RON
RON
RON
RON
RON
RON
RON
RON
RON
RON
RON
Vingt minutes mes tout-petits, ensuite j'y retourne...

En plus, même si le gars c'est le PIRE chirurgien, voire un meurtrier, ses victimes sont venues à lui toutes seules!
Entre Texel, les parents, le patriarcat, la bêtise, le besoin d'amour, d'appartenance, l'industrie, la liberté individuelle... j'suis larguée. Qui est responsable de quoi?
Bonjour.
Bonjour...
OUVREZ UN DICO
DU SEXE FÉMININ
=
EXCISION
Hop.
Voilà.
OUVREZ UN DICO
ABLATION D'UNE PARTIE DU SEXE FÉMININ
=
EXCISION
Si tu me crois pas demande à B. Pivot!
#NOUSTOUTES
Hé!
Madame!

RUE FRANÇOISE HÉRITIER, AU PREMIER ÉTAGE DU COMMISSARIAT...
ici
COMMISSARIAT

VINCENT TEXEL SE FAIT MIJOTER À FEU DOUX.
Bon.
On reprend.
Vous confirmez avoir assuré à Madame Carole Galianne que les examens pré-opératoires étaient dans le cas de sa fille et selon votre expertise médicale, je cite :
tap tap tap tap
tap tap tap
« superflus et chronophages » ?

Tarek, tu passes me voir ensuite stp.
BONG
Bien commissaire.
VLAM!
Pff...
Bon.
JE VOUS L'AI DÉJÀ DIT! La mère m'a demandé de faire AU PLUS VITE, sa gamine venait d'avaler quatre plaquettes d'anxiolytiques...
Pourquoi mon avocat n'est pas là ?!! Il vous dirait que je n'ai enfreint AUCUNE règle !!
clic clic clic
Me paraît un peu flou c'te législation, non ? Un manquement comme ça, tu prends combien Pierrot?
À vue de pif, six ans, un peu de ferme, un PAQUET de fric et une radiation de chez les toubibs... En gros.

Allez Docteur Maboule, ré-explique-nous comment t'as pu merder TROIS FOIS... en quelques mois ?! Et tu reprends tout bien dans le détail steuplé.
C'est pas possible... C'est un cauchemar...
Les familles de tes patientes doivent être du même avis, ouais.
Vous ne vous rendez PAS COMPTE !!!
Les cliniques aujourd'hui, c'est devenu un supermarché. Devant une mère en pleurs, bien sûr que je réponds : "On va se débrouiller, je vais vous aider." Parce que si je la mets dehors, elle va où ?!
Chez quelqu'un qui fera plus vite, moins cher.
Lui répondre : "Comptez six mois d'examens" ?!
C'est plus tenable ça ! Personne ne travaille plus comme ça. Et si je ne prends pas sa fille, elle aurait fini sur je ne sais quelle table d'op', en Pologne si ça se trouve.

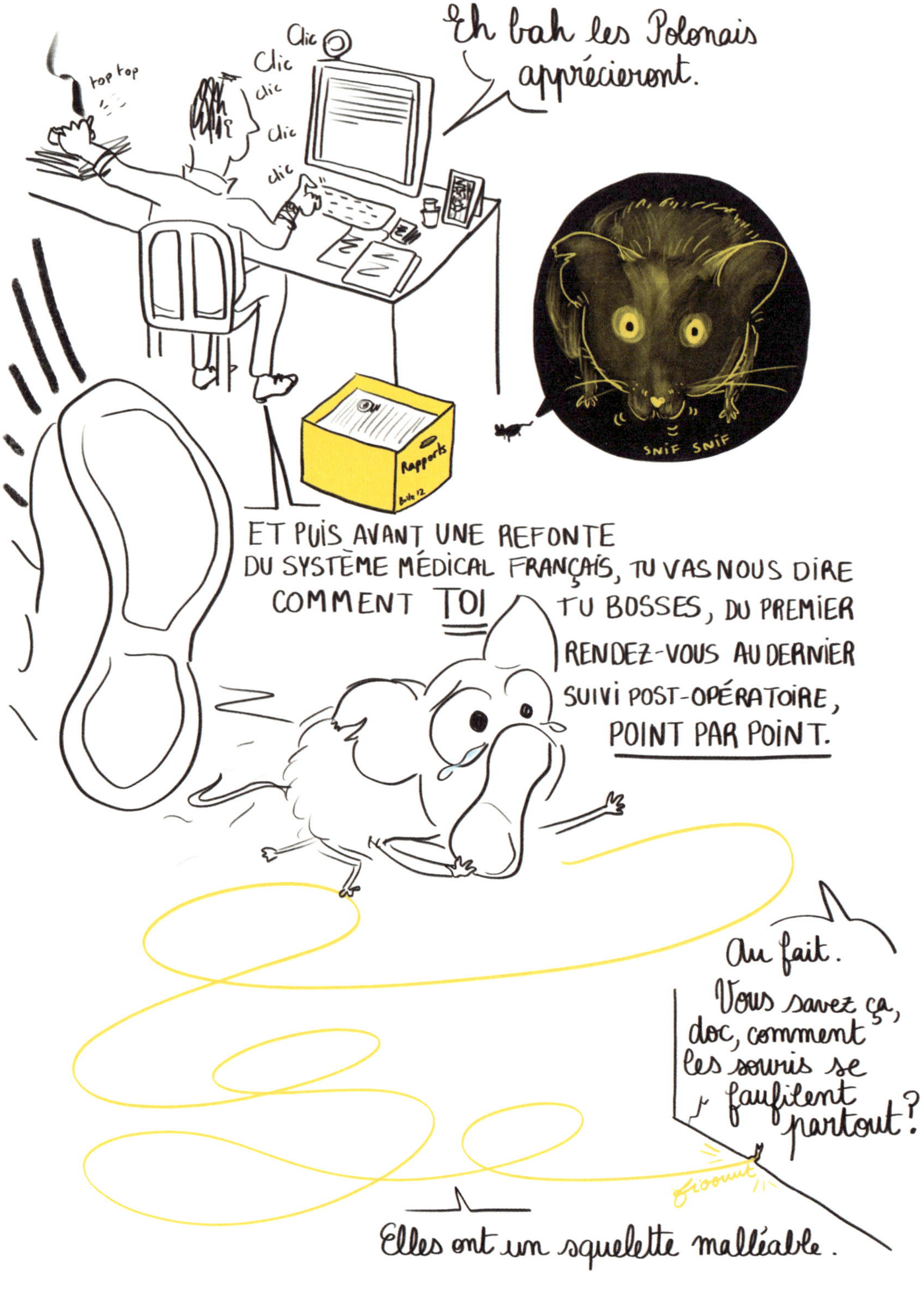
top top
Clic
Clic
clic
Clic
clic
Eh bah les Polonais apprécieront.
Rapports
SNIF SNIF
ET PUIS AVANT UNE REFONTE DU SYSTÈME MÉDICAL FRANÇAIS, TU VAS NOUS DIRE COMMENT TOI TU BOSSES, DU PREMIER RENDEZ-VOUS AU DERNIER SUIVI POST-OPÉRATOIRE, POINT PAR POINT.
Au fait.
Vous savez ça, doc, comment les souris se faufilent partout ?
Elles ont un squelette malléable.

Si Nina pouvait elle aussi se faufiler partout…
Et entrer, là, tout de suite, dans la tête d'Anaïs,
par exemple…

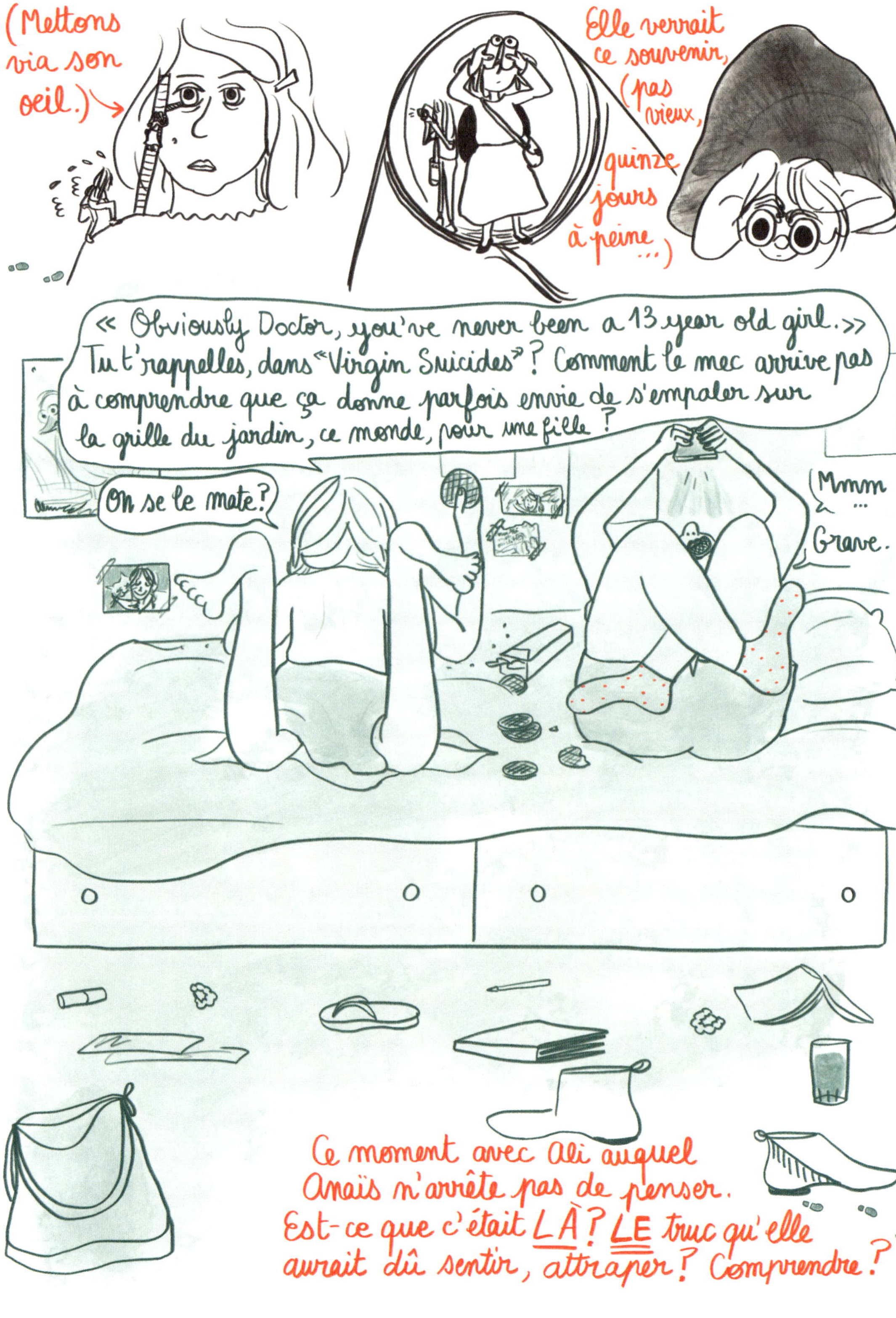
(Mettons via son oeil.)
Elle verrait ce souvenir, (pas vieux, quinze jours à peine...)
« Obviously Doctor, you've never been a 13 year old girl. » Tu t'rappelles, dans « Virgin Suicides » ? Comment le mec arrive pas à comprendre que ça donne parfois envie de s'empaler sur la grille du jardin, ce monde, pour une fille ?
On se le mate ?
(Mmm... Grave.
Ce moment avec Ali auquel Anaïs n'arrête pas de penser. Est-ce que c'était LÀ ? LE truc qu'elle aurait dû sentir, attraper ? Comprendre ?

Ou se faufiler dans la tête de Max, tiens ! Nina en rêve.
cf. exemple ci-dessous :
On est invités chez Floraine samedi.
Pff… On est obligés ?
Bah c'est sympa, non ?
Oh Jean-Yves Socialilité quoi.
C'est tellement soûlant de prévoir.
scrountch
Surtout ce qui me ferait plaisir…
Parlant de prévision, j'ai toujours pas mes règles, ça me stresse.
C'est toujours pareil avec toi.
?
Relaxe, faut que tu dormes plus, aussi !
Ha ha je comprendrai jamais ta façon de "ranger" !
Dans ce cas, tu te démerdes, tu vas prodiguer ton génie ailleurs et voir si j'y suis, on fait comme ça ?
Bah… Nina ?
MAIS ON NE SE FAUFILE PAS "DANS" LA TÊTE DES GENS.
Malheureusement.

ET DE TOUTE FAÇON, NINA EST OCCUPÉE À SA PAUSE DEJ' SQUARE FRIDA KAHLO.
Anh!
Trop bien!
SCROUNCH
SCROUNCH
tip
tip
tip
Patoche nous file un tuyau!
< Pat - Courrier
Donc je te filerai son 06. En tt cas, Texel en garde à vue confirmée, au moins pour quelques heures.
MERCI, c'est
Il nous rencarde avec "une de [ses] sources du commissariat"!
scrounch
T'imagines!
Si on récupère par exemple le compte rendu de la garde à vue?!
scrounch
scrounch
Il faut de la matière, là!
scrounch
scrounch
scrounch
scrounch
On avance! Dès qu'on aura digéré, rien ne pourra nous résister!
Mouais... C'est n'importe quoi...
plein de cellulite
plein d'ouvriers exploités
plein de cancer
plein de sucre
plein de prouts
plein d'animaux qui souffrent
Je regrette déjà de m'empiffrer comme une grosse porcasse.
Et sinon tu profites de ce que tu manges, parfois?
scrounch
CARAMBA!
Respire entre les bouchées gringa, on rembourse pas les AVC Poquitos!!

Excuse, c'est sorti tout seul...
C'est pas du tout une critique ou un jugement, vraiment...
J'avoue, la psychose générale « manger - se flageller », je ne supporte plus.
OK, je rentre dans un 36-38 classe-moyenne privilegiée, j'en chie moins que beaucoup.
Mais je deviens allergique à ce truc... Se regarder vivre H24, se dissocier entre ce qu'on fait, ce qu'on devrait faire, ce à quoi on devrait ressembler... J'en puis plus...
CRAK
On a bien mangé et terminé, non ?
Y a mieux à faire que de s'occuper de notre bout de gras...
Enfin je trouve...
Puis on aura toujours du flasque, du ridé,
du mou, du moche... C'est ce qui nous rend humain.
Bref! Galère d'être détente avec soi tout le temps...
On renvoie ou pas ?
Nan, je crois que ça va...
Ça passe!
J'arrête de te soûler!
Glup
TU SAIS QUOI ? On va essayer de joindre Sara Piazza!
Franchement, s'il y a bien UNE personne qui pourra apporter un éclairage utile, c'est elle.
Allô ?
BZZZZZZ

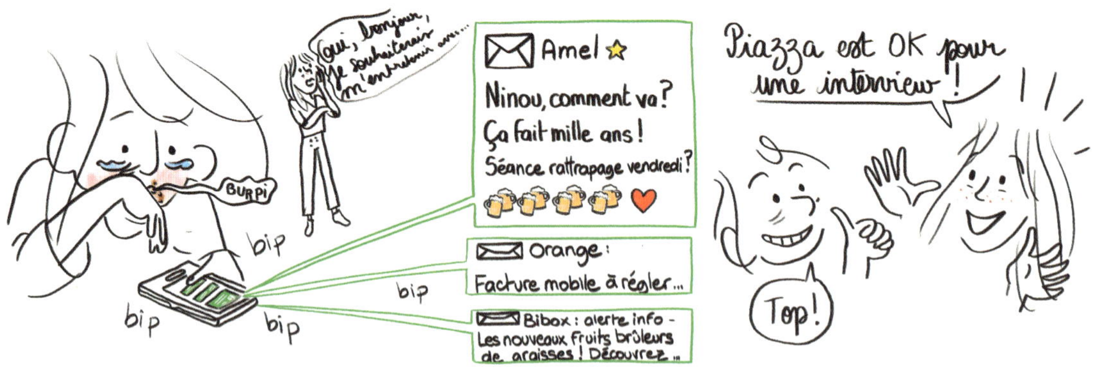

Pendant que Nina digère ses émotions, que Joséphine exulte de s'entretenir bientôt avec une pro des vagins, de Cromagnonne à votre grand-tante Yvonne en passant par Cardi B, l'autrice vous propose un entracte à base d'extraits naturels de "Poilorama" : un concentré génial d'idées sur un sujet touffu, le poil. D'autant plus épineux s'il pousse sur ce sexe que vous

□ ÉPILEZ □ CUSTOMISEZ □ IGNOREZ □ CHOUCHOUTEZ □ AIMEZ TEL QUEL □ AUTRE ?
(rayez les mentions inutiles)

À toutes celles (et ceux) pas forcément à l'aise avec leur nouille, voici de quoi la détendre un peu.

Y a que des blancs dans ces pubs putain…
POILORAMA
QUAND LE POIL TENTE DE SAUVER SA PEAU
« La représentation du poil pubien historiquement a toujours été prohibée, considérée obscène. »
« Les photos sont retouchées à la gouache (…) et on fait disparaître plus que les poils : l'ensemble du bas-ventre et du haut des cuisses, il y a juste un vague "Y". »
Bé ouais…
GOUACHE
Point de Photoshop jadis…
Imagine t'es noire et tu veux pas t'épiler, tu risques pas de te voir beaucoup représentée.
« Je pense aux jeunes qui se demandaient comment étaient faites les femmes et qui se disaient : y a rien. »
Bernard Joubert historien de la censure
« Les revues américaines commencent à oser montrer des poils pubiens au début des 70's. En France (…) l'année du basculement c'est 1973, on peut montrer des poils sans condamnation judiciaire systématique. »
AAANH NOOON
BEURK!! C'est ÇA que nos darons ont maté ados ?!
« Les 90's c'est les années hygiénistes après les années sida (…), et puis les corps sont presque un peu enfantins, virtuels. (…) La naissance du porno chic arrive dans les années 2000, il fallait vendre. »
Vincent Grégoire chasseur de tendance
É?
HA HA HA HA HA
La pub de l'espace !!!
Liliane Roudière Rédactrice en chef de Causette
« Au fond, on nous apprend la vacuité : à part m'occuper de mon corps, qu'est-ce que j'ai à faire ? Rien d'autre ? J'ai pas à apprendre, j'ai pas à me cultiver, à rencontrer, à voyager ? J'ai rien à faire ? »
COMING NEXT
Moi, je pensais que…
COMING NEXT
qu'on pourrait peut-être s'en foutre ?

DES POILS ET DES PÉPITOS PLUS TARD,
NINA COGITE.
SUR L'AFFAIRE ALIÉNOR AUTANT QUE SUR
SON FION.

ANAÏS, QUANT À ELLE, PATAUGE DANS LES RESTES DE SES CERTITUDES BROYÉES AU HACHOIR DU RÉEL. LE CŒUR EN CHARPIE, AUTANT QUE CE GIRLPOWER QU'ELLE AVAIT CRU ACQUIS, POUR ELLE COMME POUR ALI. RIEN NE FAIT SENS. FAIRE BONNE FIGURE EN COURS DE MATHS NE TIENDRA PAS LONGTEMPS.

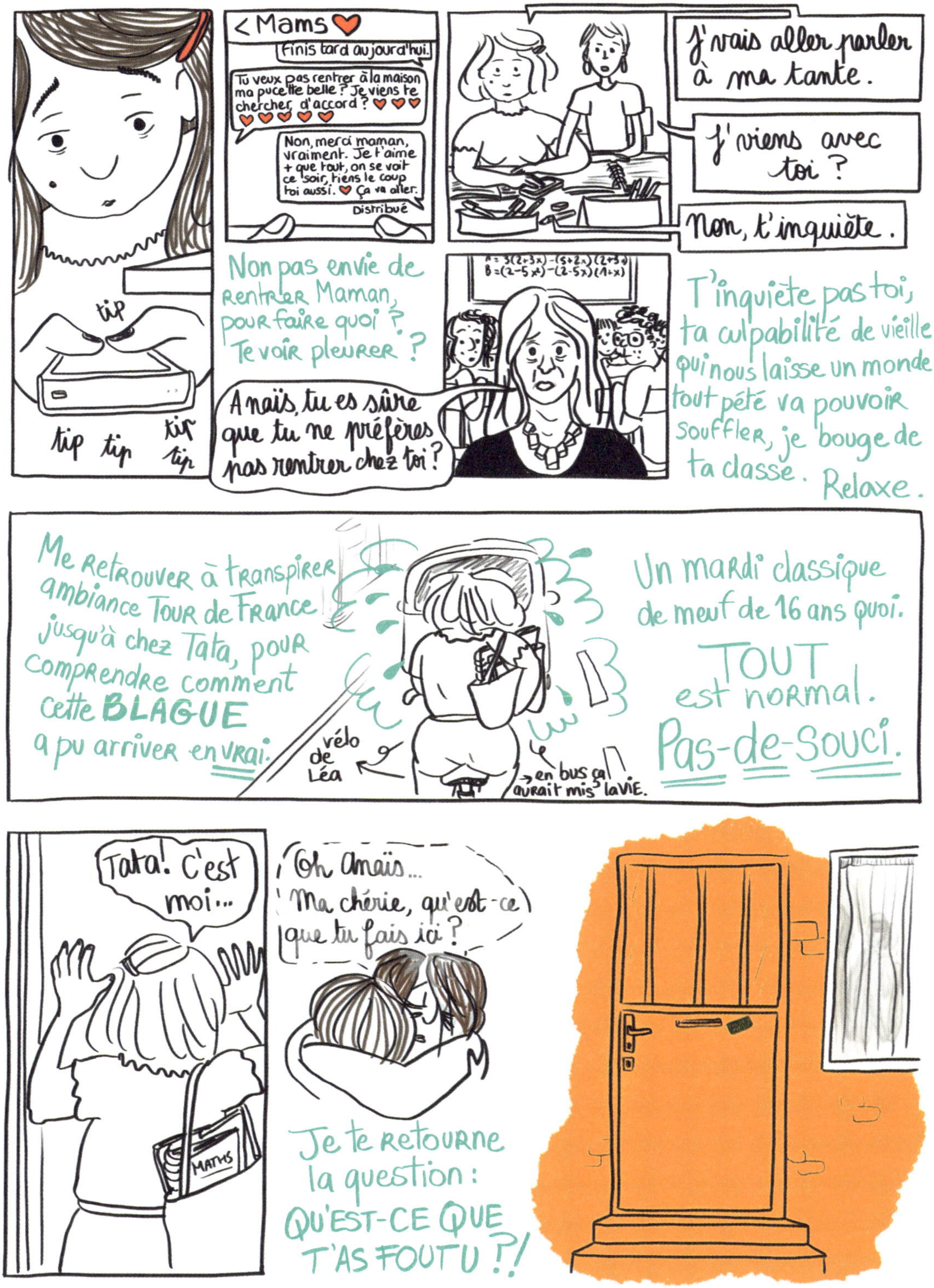
< Mams
Finis tard aujourd'hui.
Tu veux pas rentrer à la maison ma pucette belle ? Je viens te chercher, d'accord ?
Non, merci maman, vraiment. Je t'aime + que tout, on se voit ce soir, tiens le coup toi aussi. Ça va aller.
Distribué
tip
tip tip tip tip
J'vais aller parler à ma tante.
J'viens avec toi ?
Non, t'inquiète.
Non pas envie de rentrer Maman, pour faire quoi ? Te voir pleurer ?
Anaïs, tu es sûre que tu ne préfères pas rentrer chez toi ?
T'inquiète pas toi, ta culpabilité de vieille qui nous laisse un monde tout pété va pouvoir souffler, je bouge de ta classe. Relaxe.
Me retrouver à transpirer ambiance Tour de France jusqu'à chez Tata, pour comprendre comment cette BLAGUE a pu arriver en vrai.
vélo de Léa
en bus ça aurait mis la VIE.
Un mardi classique de meuf de 16 ans quoi.
TOUT est normal.
Pas-de-souci.
Tata ! C'est moi...
Oh Anaïs... Ma chérie, qu'est-ce que tu fais ici ?
MATHS
Je te retourne la question : QU'EST-CE QUE T'AS FOUTU ?!

Ali ne t'avait pas raconté ?
Raconté quoi ?

Message d'Anaïs !
Anaïs Brakni
Du coup, 16h30 au cours
Suzie, notre prof
danse avec Ali,
ous va ?
aïs.
C'est juste à côté, on n'a qu'à y aller maintenant ?
Yes.
Rencontrer cette Suzie...
Madameeeee
Y a des gens elles veulent entrer !
C'est pour quoi ? J'ai un cours qui démarre là.
Bonjour, on travaille au journal Courrier Républicain et Anaïs Brakni nous a suggéré de vous rencontrer pour...
Mmm.
Vous participez au cours, on cause après. 9-12 ans, vous devriez pouvoir suivre.
Dépêchez-vous, les enfants attendent.
Euh non mais c'est à dire que ...
Affaires perso ici.
Et la jupe tu me suis, j'te file un short.

Tu t'appelles comment ?
Euh, Nina...
J'adore déjà cette femme.
Joséphine, QU'EST-CE QU'ON FOUT LÀ ?!
CLAP
CLAP
CLAP
CLAP
Allez Allez.
Les deux touristes si je vous entends, c'est la porte.

On se tient droites, ancrées dans le sol. On respire et on arrive ici et maintenant...
Fermez les yeux...
Ça va me gonfler...
Chut.
Pourquoi êtes-vous ici ?
Ah ben ça ! Bonne question.
Ouais CHUT !
Calmos la fayotte.
On commence à bouger librement, on se lâche, on se fait du bien toutes ensemble...
frotte frotte
Attends Ninette, tu pars en sucette totale, là ! T'as un REPORTAGE à faire, pas une séance yogi-danse-cercle de feu...
Ça peut pas faire de mal ceci dit...
(Vous reconnaissez mon médecin référent.)
GENRE on tourne trois fois autour de soi et POUF, on se sent forte comme un roc, libre comme l'air ?
(Ça a trop bien marché avec Aliénor d'ailleurs.)
AH NANANANANANA MOI JE FAIS PAS ÇA !
Devant des bébés de 8 ans qui vont me mettre la pire cartouche en plus... Merci la dignité.
Je comprends pas, elle aime pas l'argent cette femme ?
C'est quoi ce délire de cours gratuit-obligatoire pré-interview ?!
CHUUUUUUUT
Taisez-moi toutes !
J'essaie de me concentrer !

[Une playlist de MABOULE débute.]
CLAP!
CLAP!
YEPAAAA
CLAP!
CLAP!
Je récapitule pour les touristes : ici on parle au féminin parce que le masculin ne domine pas et que les filles sont plus nombreuses. Et on muscle notre ... ??
OUAAAIS
LIBERTÉ!
En fait là tu bouges comme tu veux.
On commence toujours par s'applaudir de venir danser.
On s'échauffe!
Vous faites avec ce que vous avez, qui vous êtes!
HABITEZ VOTRE CORPS!
TOUT est POSSIBLE!
Tout ce que vous voulez être, exprimer...
OUVREZ-VOUS!
VIVEZ
BOUGEZ
LIBRES, PUISSANTES, SENSIBLES...

ON Y VA POUR LES ABDOS !!
BRAVO MES CHAMPIONNES !
Jump Around
House of Pain
Et le plus important, c'est de : S'A-MU-SEEEER !!
Time to Dance
The Shoes
The Movements
La Fraicheur
Suspended
Chloé

YÉÉÉÉ
CLAP
CLAP
CLAP
BRAVOOOOOO
BRAVOOOO
CLAP
Cette semaine, polycop' sur le voguing new-yorkais !
Bravo ma championne !
Comme d'hab', vous me ramenez dix lignes sur ce que vous en aurez pensé au prochain cours.
Alors ? Ça fait du bien de se défouler ensemble, hein ?
Tu me files le short ?
À Tchussi Suzziiie !

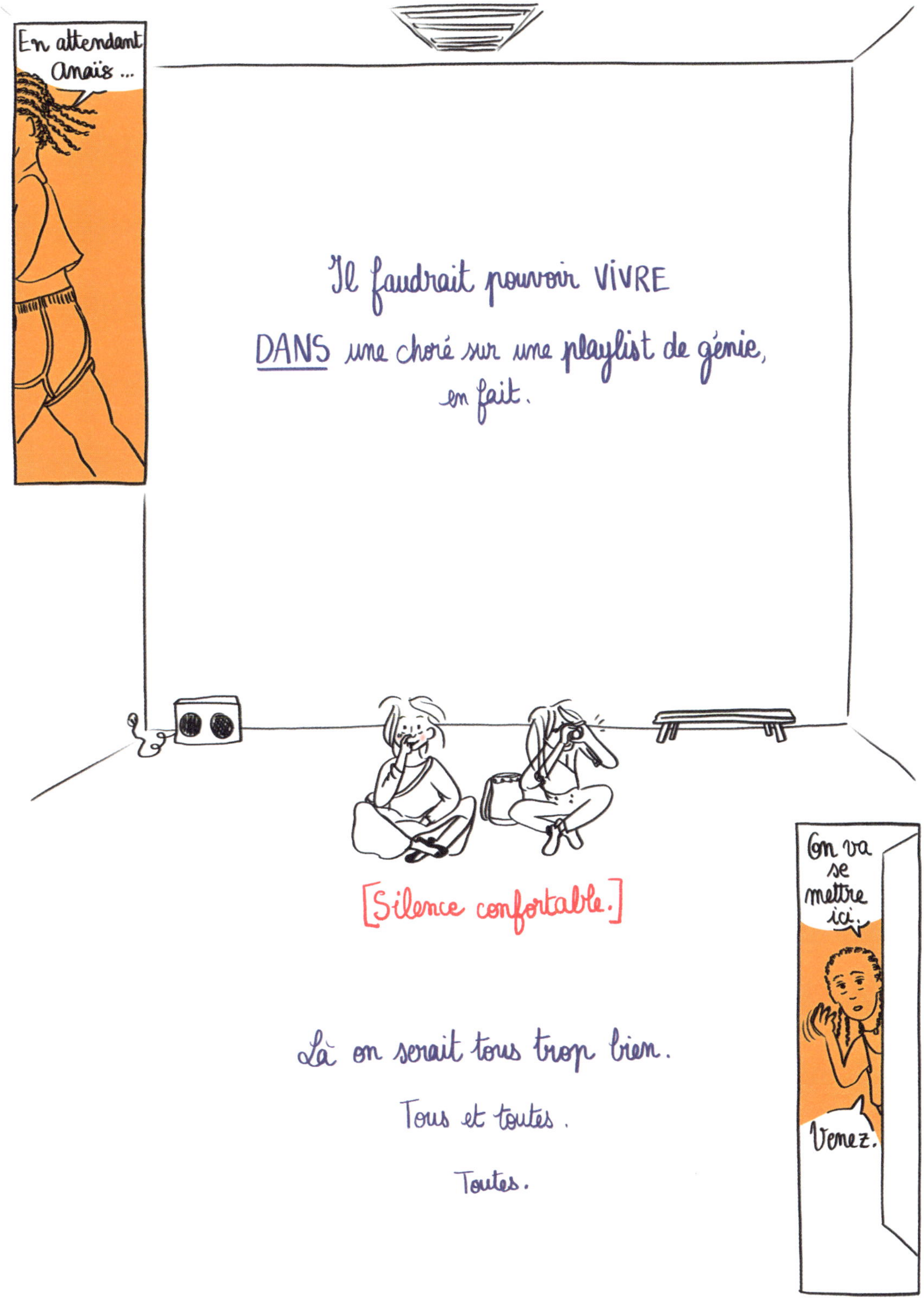
En attendant anaïs ...
Il faudrait pouvoir VIVRE DANS une choré sur une playlist de génie, en fait.
[Silence confortable.]
On va se mettre ici.
Venez.
Là on serait tous trop bien.
Tous et toutes.
Toutes.

Que vous dire ...?
Gâchis absolu...
Des petites qui pètent le feu, qui l'ouvrent... On se dit : à 15 piges elles ont compris la vie. Elles te parlent patriarcat, hypersexualisa-tion... Je me dis génial, elles maîtrisent !
clic
La vérité c'est que ce sont des enfants.
Heureusement, un jour y aura plus que des gouines et des pédés, et ça sera beaucoup plus simple pour tout le monde ! Beaucoup moins d'emmerdes.
Pépère.
Ah, carrément !
Merci.
Euhm... On n'a plus trop le droit de dire "gouine" ni "pédé"... non ?
Anaïs nous a dit que vous...
TU !
... que tu avais un lien assez fort avec Aliénor...
Tu dirais qu'elle est le symbole d'une génération qu'on croirait à tort plus libre ?

Je ne dis rien du tout. À part qu'on est toujours mal barrées et que cette nouvelle génération a aussi beaucoup à porter...
À mon petit niveau, j'essaie... De leur faire construire ensemble
un espace où l'on puisse
se sentir totalement acceptée pour ce que l'on est... Cultiver l'écoute des autres, de soi... Oublier de se regarder, apprivoiser et libérer son corps par le mouvement... Vivre, quoi! Aliénor était à fond, on en parlait après les cours, ici...
C'est bizarre, pour moi c'est comme si elle s'était suicidée...
J'sais pas comment dire...
TOC-TOC-TOC
Toc Toc Toc
Oh Anaïs!

Bonjour, Joséphine, toutes mes condoléances…
Merci, Carole.
LA MÈRE! Je vais parler à LA MÈRE!!
Je vous présente ma tante, Carole, la maman d'Ali.
Je, euhm… Comment vous vous sentez ?
Anaïs me dit que vous écrivez sur ma fille.
Passer pour une mère indigne, je m'en fiche. Mais qu'on puisse écrire n'importe quoi sur Aliénor, c'est pas possible. Je préfère encore vous raconter moi-même.

Comment Ali en est venue à haïr son sexe à ce point, je ne sais pas.
Elle ne m'a rien dit
et je n'ai rien vu.
En tout cas, ça a complètement dégénéré.
J'arriverai JAMAIS à RIEN avec ces feuilles de laitue POURRIES entre les jambes !!
lèvres vagin
Remédier à de grosses lèvres...
Arrêter le vélo pour un sexe jeune...
5 trucs pour un joli vagin...
Autres questions posées :
POURQUOI J'AI DE GRANDES LÈVRES ?
GRANDES LÈVRES NORMAL ?
COMMENT RÉDUIRE GROSSES LÈVRES VAGIN ?
...
Vas-y Tata...
Raconte leur.
Je n'aurais jamais pu imaginer...
... être à ce point larguée...
Pour trouver ma fille comme ça.

Il y a quelques semaines...
Ali était dans sa chambre...
sa soeur regardait un film...
AAAAAAAA
Ali!
Sami passait l'aspirateur, il n'a entendu que les cris de Cassandre.
ALIiiiiii
Elle était tombée dans les pommes.
Les filles ??!...
Papaaa!! Les Pompiers!!

C'EST PAS POSSIBLE !
Aliénor, si brillante, une danseuse douée comme tout !
Ce malaise physique tellement énorme, j'aurais dû le sentir !
On a toutes rien capté.
Ma chérie tu n'y es pour rien toi...
Allez-y Carole, poursuivez.

À partir de là, c'est le cauchemar : urgences, Ali à peine réveillée qui nous jure qu'elle va « égaliser » si on ne l'aide pas à se faire opérer, le médecin qui nous parle comme à des monstres...
On a tout essayé pour la dissuader...

Jamais on n'avait entendu parler de ça avec son père ! On a accompagné Aliénor chez la gynéco, le psy... Elle ne voulait rien savoir.
Pfffrmmm
Qu'est-ce que c'est que ça ?!
Labia-plastie
Mlle Galianne ?
On avait tellement peur qu'elle se fasse du mal...
On a fini par céder.

Bah aussi, c'est un délire, hein, d'arriver à sortir du truc : " Pour être acceptée, aimée, à quoi je dois ressembler ? " En plus avec cette police du cul H24, là... À force de voir quelles filles sont les mieux notées, les photos volées, les moqueries...
Ça rend barjot.
VINEZ KI C!!!
Y EN A 1 KI PEUT S FR REMBOURC...
Vivement qu'ils inventent le filtre pour chatte hein !
OH ÇA VAA AA...
Je sais pas comment t'acceptes d'être dans ces groupes...
Avoue, elle est affreuse !

Y a forcément quelque chose à FAIRE...
C'est un truc de FOU cette vaginoplastie !
QU'EST CE QUE TU FOUS NINA
C'est pour ça que l'article rendra justice à Aliénor
Au moins pour faire interdire l'opération pour les mineures.
NINAAA
Une page "carte blanche" pour vous dans le journal, par exemple ?
Que vous puissiez vous exprimer directement !
Faire un appel à la sororité des vagins !
Enfin QUOI, sinon demain on aura des suicides de bébés qui se trouveront trop chauves ?!
Nina, je vous prescris du SILENCE.
Voie orale, effet immédiat.
Se refaire des vulves, des culs, des TROUS du cul...
Si MÊME une fille éduquée, informée, militante, une fois la porte de sa chambre fermée se hait au point de se faire une découpe, ON VA PAS Y ARRIVER !
Excusez-moi...
Ouais bah on a la rage quoi.

LES JOURS PASSENT, LA VIE SE POURSUIT POUR TOUT LE MONDE, À LA RÉDACTION, AU LYCÉE, À LA MAISON... ALIÉNOR FLOTTE ENTRE TOUS ET TOUTES. LES DEUX AUTRES PATIENTES, ELLES, N'INTÉRESSENT QUE LEUR FAMILLE, ELLES N'AVAIENT PAS QUATORZE ANS.

Alienor-V1.doc
Alienor-V2.doc
Alienor-V3.doc
Alienor-V4.doc
Horoscp.doc
À LA RÉDACTION,
Sandriiiine
Et MOI je vous dis que les cours d'éducation sexuelle sont OBLIGATOIRES à l'école !!
C'est quoi la stratégie éducative ici ? Ignorance, frustration, agression et découverte du clito à 45 ans comme nos mamans ?!
Pfff
Sympa le programme !
Anaïs...
AU LYCÉE,
OU AILLEURS, LES ÉCHANGES SONT PLUS OU MOINS...
Bonjooooour !
(Sara Piazza au bout du fil.)
Le nerf de la guerre c'est LA THUNE.
Faut taxer la connerie pour financer l'égalité salariale.
TROIS HEURES, NINA !!
Je t'attends, je m'inquiète !!
Mais je t'ai DIT !
Toute façon ça te va jamais.
Prends le comme ça parfait. bla bla tristesse
Eh bah dis-moi c'que j'dois dire, ça sera plus simple !! blabla bordel bla
Ça me fatigue...
BORDEL J'SUIS PAS FÂCHÉE JE VAIS TRÈS BIEN !
bla bla de dispute sans fond ni fin bla bla colère bla bla
Parle-moi Nina...
J'suis fatiguée, laisse-moi dormir.

... CONSTRUCTIFS.

MAIS ENFIN, **QUI** POURRAIT JUGER DE CE QUI EST...

...CONSTRUCTIF...

... DE CE QUI NE L'EST PAS ?

Merci d'être venues ! Pardon pour le timing…
Pas de problème, on est ravies !
On était si contentes de vous rencontrer devant la clinique !
Votre affiche était extra !
Jean-Phi' a passé la nuit au poste la semaine dernière, donc il était un peu frileux sur l'invit' de journalistes.
(Nadine Gomez, membre très active de plusieurs assos, dont « Résistons ».)
JCDANGOISSE
ICI, IL N'Y A PLUS DE PUB.
POUR UNE FOIS, VOUS N'AVEZ BESOIN DE RIEN.
(ET ENCORE MOINS D'UN NOUVEAU VAGIN.)
RÉSISTONS ANTI PUB
Mais le but c'est qu'on en parle quand même !
Avec une petite dédicace pour Texel !

Avant on faisait pas le centre ville...
Trop risqué...
Mais ça devient tellement fou, on est forcés de résister.
JCANGOISSE
ICI, PAS DE PUB
SEXISTE - RACISTE - HÉTÉRO-NORMÉE - STUPIDE
MAIS DE BONNES ADRESSES LOCALES!
PIZZA DÉD
ENTRE 1200 ET 2200 PUBS PAR JOUR ...
ON VOUS OFFRE UNE PAUS
On voudrait recruter! Agir, ça libère!!
JCANGOISSE
PROFITEZ BIEN DE VOTRE JOURNÉE!
J'AVOUE, les Pizzas Dédé, elles sont terribles!
Attends, Eugène!
On n'est pas anti-comm, mais vendre de la femme libérée à la crème anti-vergeture à longueur de journée, ÇA VA, on a donné.
Là où c'est compliqué d'agir, c'est sur internet, les réseaux, les influenceuses télé-achat... Mais y aura p't-être des hackeuses qui régleront le machin...
Pasqu'au final, QUI est LA cible principale depuis L'INVENTION de la société de consommation, alors qu'elle avait même pas droit à sa carte bleue?
clic
clic
clic
Bibiiii!
Vous voulez vous faire du bien?

super ! Me doutais que t'allais préférer la bombe !
BAZZURO POUR HOMME
hé hé
MAIS JOSÉ, T'ES MABOULE ?
clic
clic
si Michel voit ça !!
Les Flics !
?!
LÀ, c'est le moment de COURIR !!!!
NIN-NOU-NIN-NOU-NIN-NOU-NIN-NOU-NIN-NOU-NIN-NOUUUU
Suivez-nous les jeunes !
Viiiite Joséphiiine !
POLICE
iiiiik
Purée, ça change des soirées Netflix® !!
Tu vois quelque chose ?
Non, je crois que c'est bon.
On a perdu tout le monde du coup...
Et j'ai gardé leur bombe, mince...

EH!
POLICE
Lâchez ces trucs et bougez plus !!
Z'avez rien de plus urgent qu'une bombe de peinture ?!
VIENS, Nina !!
On se casse !!
Pas de viols, de travail dissimulé, d'évasion fiscale ?!
SUCEZ-MOI
LE CLIIIT !
Mais t'as vrillé ?
ha ha
ha
ha ha

MOINS DE CHARGE MENTALE
PLUS DE LÉCHAGE
ANAL !

HA
HA
HA
HA
HA
HA
HA
HA
HA
HA
HA

Petit con, va.
Tu vas pas rentrer maintenant !
Ok, je préviens juste Max que je dors chez toi, alors.
tap
tap
tap

C'est ce matin chez José, au lendemain de notre poussée révolutionnaire, que tout s'est finalement mis à craqueler. Suffisamment pour que je perçoive le glissement de terrain, pas encore assez pour que je sache à quoi m'attendre.

Dès les yeux ouverts, flottait entre mes synapses une espèce de conviction cumulonimbique :

la fête foraine du bordel qui campait dans ma tête vivait ces dernières heures en l'état.

Mais pour laisser place à quoi ?

Déjà, j'avais bien dormi.

D'une traite, et même pas chez moi.

Pas pétrifiée à l'idée de péter, ronfler, puer de la gueule, des dessous de bras, crier dans mon sommeil, dormir la machoire déboitée façon aspirateur à mouches...
En quelques jours et un papier, une amitié parfum "fusion-lycée" nous était tombée dessus et me desserrait chaque jour un peu plus les vis. Un drôle de truc. Puissant, franc, entier.
Palpitant.

Je m'étais levée en culpabilisant de ne pas pouvoir courir, mais pas tellement rapport à mon cul. J'avais besoin de bouger, sauter, respirer, prendre l'air...
Digérer ces histoires de vagins, de Joséphine, de boulot, de Max...

Ça sentait trop bon les vacances, chez José. Vérifier ma dégaine dans le miroir ne m'était même pas venu à l'idée. Eloignée de mes réflexes, du Code civil dictatorial intérieur fixé par et contre moi-même.
Tout semblait envisageable dans cet appart, possible. Un quotidien à ré-inventer, sans limite, sans peur et sans reproche.

Je voulais repasser par la maison, ne serait-ce que vis-à-vis de Max, dont je n'avais toujours aucune nouvelle…
Puis c'était l'occasion de marcher, respirer, remettre mes pendules à l'endroit…

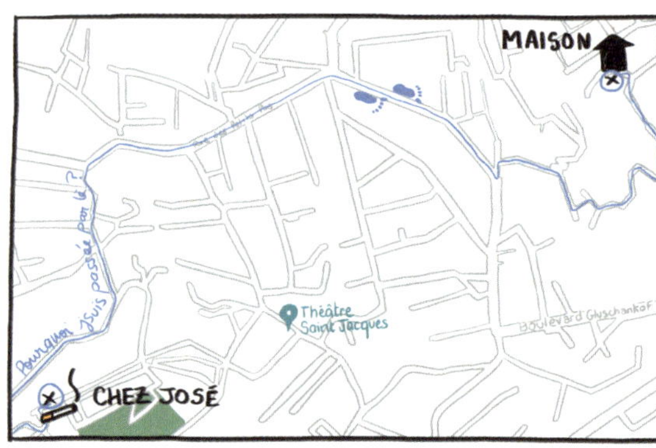

J'aurais presque pu rentrer pieds nus, dans un espoir de connexion voûte plantaire-sagesse millénaire de Mama Gaïa… Mais je me suis vite remise de ma fulgurance d'alternative devant un goudron crotté, à 45°C.

À cette heure-ci, Max aurait dû être à l'appart. Personne… Et pas plus de texto, appel, cœur sur Insta. J'étais seule. Peinarde, en vérité.

Soulagée.

Et il était hors de question de culpabiliser.

Biiiip
Biiip
Biiip
Contact Police
Rappelez-moi.
Mes Opinions.org
Pétition pour Lapinou!
APPELER
HAUT-PARLEUR
Allô ?
Bonjour!
C'est
na!
Ouais. Pour vous dire que Texel sera mis hors de cause.
Il n'y a eu AUCUNE négligence de son côté ?
Faut croire que non Sherlock.
OK, OK... Bah merci beaucoup pour votre aide et
Ouais. Je te dirai quand j'aurai besoin d'un article. Bye!
Aïe, Anaïs... Ça va pas être facile à encaisser pour toi, bichette.
D'où l'importance de rendre un papier BÉTON!

Le jour où je serai à l'heure, faudra VRAIMENT s'inquiéter !
VLAM !
3A
Pardon désolée salut
anaïs ! José ! j'suis là !
COMBIEN de femmes MEURENT chaque année ?
DE NE PAS SE TROUVER BAISABLES telles quelles ?
clic
clic
Très bien !
COMBIEN de femmes MEURENT chaque année ?
DE NE PAS SE TROUVER BAISABLES telles quelles ?
Alors, t'en penses quoi ?

Décidément, Anaïs m'épatait de plus en plus, et je sentais la Jojo à côté pareil, un peu subjuguée. Comment ne pas être soufflée par cette fille endeuillée, pas encore le droit de voter et déjà si informée, intelligente, audacieuse, hardie ! Plus aguerrie que je ne l'avais peut-être jamais été...

En revanche je mesurais à quel point sa génération était soumise à une pression que nous n'avions pas connue.

Avoir maté « Sex Education » et suivi des comptes insta féministes à quatorze ans m'aurait épargné un sacré budget

PSY-MOUCHOIRS-CHOCOLAT-LAXATIFS-KIRI®-PSY-CREME CICATRISANTE...

Mais je n'enviais **pas du tout** leur impératif de performance.

Qui que tu sois, il fallait le défendre absolument,

PAS LE  TEMPS

DE DOUTER, DE CHERCHER, DE S'EN FICHER, DE NE PAS SAVOIR.

Pas de place pour la contradiction, le flou, l'insouciance.
(Et quelle insouciance ? Planète saccagée, animaux exterminés, violences systémiques contre les minorités et les femmes perpétrées sous notre nez...)

VÉGANE ALTERMONDIALISTE GAMER JEMENBATSLESCOUILLISTE ATHÉE RURALE ANTIFA HETERO ROCKABILLY ARTISTE ENGAGÉE STREET RELIGIEUSE COUTURE RAP ACTIVISTE FÉMINISTE

IDENTITÉ QU'ELLE SOIT : **REQUISE**

FOODIE TECHNOPHOBE DECALÉE LIBÉRALE NERD FÊTARDE APOLITIQUE RACISTE (apparemment c'était permis) QUEER FITNESS PATRIOTE BODYPOSITIVE CIRCASSIENNE QUE SAIS JE ENCORE...

Chacun.e étant le ou la manager de son propre show, ouvert 24 sur 24, 7 sur 7. Le choix de son personnage était vaste mais l'incarner, un job à plein temps.

D'autant plus si on essayait de changer le monde.

Est-ce que ça ne demandait pas autant d'énergie et de thunes que de se conformer à un idéal patriarcalocapitaliste ?

On bouge ?
clic
Ouais, mieux vaut pas trop traîner !
Ah !
Pouncy !
CINÉMA
BIP
BIP
BIP
Hop.
Envoyé !
URGENCE
J'ai une alarme pour envoyer à la direction du collège-lycée toutes les heures une demande de cours d'éducation sexuelle.
héhé
Mais dites-moi, chère Anaïs, êtes-vous rémunérée pour cet extraordinaire travail de lobbyiste ?
Non Madame.
M. LE PROVISEUR, LES COURS D'ÉDUCATION SEXUELLE SONT OBLIGATOIRES ! RESPECTEZ LA LOI S.V.P.
Classe de Terminale 7 - Collège-Lycée M.
Néanmoins nous ferons tout pour être entendus.

On se demandait, par exemple, vous deux, dans votre vie, vous avez déjà été persuadées (même pendant genre une minute) d'avoir été sexuellement abusées ?
Anaïs !..
Anaïs...
Ne serait-ce qu'une minute, avant de vous dire : " non, nooon, sûrement pas, je le saurais. " ?
GRAT GRAT
Oui.
Oui.
GLUP
dégluti parfum vomi.
Avec moi, trois sur trois ! Alors qu'on vienne pas me dire qu'on n'a pas besoin d'éducation sexuelle. Non ?

BRASSERIE CAFÉ REST
Café des Echanges
Voilà, on voulait te dire que Texel a été disculpé.
CRACK
DONC ça sera tout ?
Tout le monde parle du corps, tout le temps ... On l'adore, on le déteste, on le montre, on le maltraite ...
Les gens, y veulent pas juste : CHANGER DE SUJET ?
On va éduquer les petits garçons à renverser le patriarcat.

(À noter que le soir même, je recevais un texto d'Anaïs - ma nouvelle héroïne - me demandant de faire publier dans le Courrier un texte sur lequel elle était déjà en train de travailler.)

(...) Quoi qu'il en soit les conclusions de l'enquête sont claires : elles ne permettent, en aucun cas, d'inculper Monsieur Vincent Texel pour le décès de ses trois patientes, il n'y a là aucune preuve d'une quelconque volonté de nuire à ces femmes. Il a été démontré la légalité des opérations et des méthodes utilisées dans chacun des dossiers de Mesdames Aliénor Galianne, Nathalie Delplace et Brigitte Li. Aucun élément ne permet d'incriminer quiconque au sein de l'équipe médicale.
Il reviendrait au législateur de déterminer si ces types d'opérations devraient faire l'objet d'un encadrement plus strict... Mais cela ne relève pas de nos compétences.
Merci, ça sera tout.
Ciao Madame Muscat!
Salut Yvon!

COMMISSARIAT
Au revoir !
Il a fait son job...
'Toute façon, quoi ?
Il aurait fini en tôle ?
C'est comme dans les Inconnus :
c'est la faute à la fofiété !
C'est pratique, on peut pas la mettre en prison, elle.
'Toute façon elle fonctionne même pas, la prison. Elle en ressortirait encore plus déglinguée qu'à l'arrivée, la société.
tap tap
Ben alors...
Mina Morosita là !

C'ÉTAIT DÉSORMAIS OFFICIELLEMENT PLIÉ.

AFFAIRE CLASSÉE

Après tout cet enchaînement de rebondissements ininterrompus, j'avais besoin de m'isoler un temps. De m'entendre penser. J'ai marché jusqu'au premier square.

J'allais terminer, donner à lire tout le sens qu'on avait pu tirer de tout ce qu'on avait pu recueillir, personne n'était vraiment coupable, tout le monde un peu responsable et puis c'est tout. Rideau.

BZZZZZ
C'est peut-être Max...
BZZ
Ou Michel.
Ou José.
Ou Anaïs.
Faut que j'appelle ma mère.
Pff...
Facture
Bon.
Dire qu'avant avec Max on s'appelait trois fois par jour...
C'est peut-être normal.
C'est la vie.
Elle est vraiment trop bien cette asso! Faut que je m'inscrive.
MAIS!

J'hallucine ! Ça ne peut pas être lui...
« Un atelier théâtre gratuit ouvert à tous.tes, où nos bénévoles s'occupent de vos enfants ! Venez en nombre ! »
asso_uni_e_s 2h
Pas besoin de babysitter !
Pendant l'atelier
@MAXDVT s'occupe
de vos enfants !
Depuis QUAND Max est bénévole dans l'asso de Suzie ?
#VENEZVOIR !
Pourquoi il ne m'a rien dit ?!

Comment on a pu AUSSI VITE s'éloigner au point que je ne sache même pas ce qu'il fait de sa vie ?!
Qu'est-ce qu'il s'est passé ?!
Nina... Combien de fois je vais devoir te le dire ?
Tu vois bien que je suis pas GAY !
Tu m'excites à mort Nina !
Un mec bien ET hétéro ET qui t'aime c'est possible, non ?
Regarde-moi Nina...!
Tu me fais confiance, non ?
Nina...?

En plein milieu de mon taboulé, je ne pense plus à Max, à Michel ni à ma liste d'obligations. Il n'y a plus que cette fulgurance :

je suis en train d'ÉCOUTER vraiment la personne en face de moi au cours d'un REPAS.

José me parle de tout, de rien, de possibilités, de droit à la paix intime... Elle m'intéresse, je suis présente et JE KIFFE MA RACE !

SANS COGITER À ↓

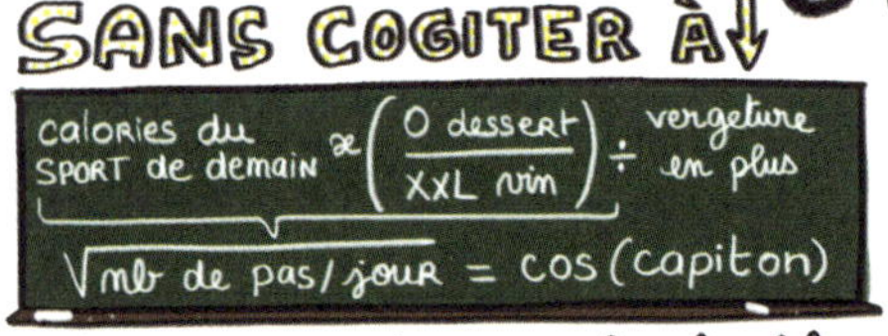

Je me détends le bulbe, je chie à la raie de mon système d'oppression intérieur.

C'EST LE 14 JUILLET de mon cerveau, je GUILLOTINE mon MOI patriarcalojudéochrétienoculpabilitorelou en toute tranquilité.

ON PARLE SANS INTERRUPTION NI RÉSERVE... JOSÉ ME RACONTE QUE :
Je crois que dans chaque histoire avec un mec, inconsciemment je vivais à trois. Lui, moi et le fantôme de toutes les violences machistes de l'humanité...
BOUM
(aïe)
Bonsoooouar !
Ronpiiiiiiish
Avez-vous bien satisfait aux besoins de votre mâle ce sooouar ?
« (...) 3000 ans d'histoire d'exploitation des femmes entre nous... COMMENT tu te libères d'un historique pareil ?! »
(...) TELLEMENT de culpabilité ! Je me hais si fort d'être si faible...
J'ai TOUT pour être heureuse, dans un pays démocratique en paix, j'suis pas malade, pas précaire, amoureuse, aimée, entourée... Et je me dégoûte, parfois j'ai envie de me découper à la machette... De trancher mon ventre, mes cuisses, j'en rêve, ça me calme. (...)
(VRAIMENT SANS RÉSERVE.)
(...) Suzie a raison !
J'ai envie de bouger, DANSER, AGIR, sortir de moi !
Rencontrer MILLE GENS !
Ecouter, discuter, apprendre !!
J'ai envie de VIVRE une VRAIE vie !!! Bordel.

Merci mon eau.
(...) ce discours déshumanisé de bâtard à la course à la performance, et si t'es malheureuse, grosse, inadaptée, si tu te plains, c'est TA faute.
T'es une petite ratée, une lâche.
(...) POURQUOI on continue ENCORE à obéir, ça, ça me rend FOLLE! On SAIT tout ça, et on se fout encore des tonnes de culpabilité, de douleurs et de crème antirides sur la gueule, recommandée par Tartempionne.
PPPSSSSsss
(...) à se demander pourquoi y a pas dans les rues des commandos féminins organisés, qui sortent la nuit pour égorger des mecs au hasard, vengeance façon « Kill Bill »...
(...) Je te JURE, j'ai accepté de ces TRUCS, quand j'y pense...
✓ Le gars qui te jarte post-éjac'.
✓ Celui qui te réveille à 5h pour pas dormir seul MAIS te dégager avant son petit-déj.
✓ Celui qui t'exhibe à son pote en manque et qui trouve que tu pourrais baiser avec, pour être sympa.
Et cetera... ✓✓✓
OH MAIS MÊME PAS ça me choquait!
Et toutes ces mains sous la jupe dans le bus sans que je moufte...
Putain j'avais oublié les mains dans le bus...
Ça fait longtemps... Je dois être trop vieille pour eux maintenant.

(...) si, regarde : #saggyboobsmatter.
J'avoue, avant, je trouvais ça deg' et ça a complètement changé ma perception !!
D'un côté j'ai même pas besoin de soutif moi ha ha
hin
hin
J'vais créer un magasin de lingerie pour keums, avec dentelle qui gratte et soutif qui te corsette à 50 boules.
(...) J'ai pas de seins qui tombent, mais j'ai des énormes tétons !!
ha
ha
ha
ha
ha
ha
Trop de vino là...
ET JE VOUS EMMEEEERDE !!!
Qu'est-ce que c'est épuisant d'être en colère...

Comment elle en arrive là ? Comme tout le monde, Sandrine a sa vie, ses petits secrets, ses surprises et ses complexités. En somme, l'autrice ne la connaît pas beaucoup mieux que vous. Elle-même était bien étonnée d'apprendre que Didi pose nue aux Beaux Arts depuis ses 19 ans.
(C'est fou comme on peut si vite (et si mal) se faire une idée...)

Texel, à la même heure, lui, finit sa nuit.

UN VENT À DÉCOLLER DES PAVÉS S'ENGOUFFRE DANS LES ALLÉES DEPUIS LE PETIT JOUR.
PETIT JOUR QUI SURGIT, POUR NINA ET JOSÉPHINE APRÈS LEUR « APÉRO » DE LA VEILLE, COMME UNE ANTIQUE PAIRE DE CLAQUES AUX ORTIES.

Avant midi, après quarante-cinq litres de café et une matinée à s'arracher les cheveux sur le choix des (canonissimes) photos, on bouclait définitivement le dossier.

C'EST ENTÊTANT

DOUX, FONDANT,

VOLCANIQUE

MON SEXE VA EXPLOSER

MON COEUR VA EXPLOSER

J'AI ENVIE D'ÉCLATER DE

RIRE

ET DE PLEURER

C'EST UN FILM, UNE PALME D'OR,

UN OPÉRA

JE COMPRENDS RIEN ET

TOUT À LA FOIS.

je suis libre

je n'ai plus peur

je

suis.

Rien
n a
p l u s
d ' i
m p o r
t a
n c
e

C'est un sketch.
On croirait le réveil de Blanche-Neige dans sa cabane au fond du jardin, la belle-mère timbrée en stage sérénité et tous les petits oiseaux mignons sous LSD...

Je me sens toute neuve, baignée au lac du passage vers un monde meilleur...
Où je deviens plus forte.
Où je deviens une personne qui peut existe **normalement**, comme tout le monde.
Qui mange normalement.
Qui fait du sport normalement.
Qui ne se hait plus en permanence.
Voire qui ne se hait plus du tout.
Vivre, travailler, apprendre, grandir...
Qu'est-ce qu'elle est belle Joséphine...
Je voudrais me fondre en elle, c'est bizarre.
Ce moi amélioré, qui me comprend, qui me prend comme je suis.
Qui sait...
Qui ne pourra pas me faire du mal.

Avec Joséphine c'est particulier... pas comme avec... MAX !!!
J'y crois PAS.
J'avais oublié. Comment j'ai pu ZAPPER que j'avais un mec ?!
Possiblement un des seuls garçons (hommes, pardon) véritablement bon de cette galaxie...
Le mec a tout et j'ai tout gâché.
C'est tellement compliqué l'altérité...
Avec José, tout paraît si facile, si évident.
ON S'ACCEPTE INCONDITIONNELLEMENT, ON N'EXIGE RIEN, ON N'ATTEND RIEN L'UNE DE L'AUTRE.
✗ pas de régime
✗ pas de lingerie inconfortable
✗ pas d'épilation
✗ pas de ravalement de facade même le dimanche
✗ ni de patience à toute épreuve
✗ de faire bonne figure pendant les règles.
✗ de devoir TOUT expliquer TOUT le temps.
parce qu'ils ne se rendent PAS COMPTE.
✗ ou de muter malgré soi en infirmière dévouée
✗ en « laisse, je vais le faire »
✗ en « comme tu préfères »
✗ en « oui, oui, on est à peu près à 50/50 », alors qu'il ne sait même pas où est le pschitt vitres.
✗ PAS DE BELLE-MÈRE AMOUREUSE DE SON FILS (va trouver une mère qui aime sa fille comme son fils)
✗ de conviction souterraine que DANS TOUS LES CAS, à un moment donné, je vais me faire avoir
✗ pas d'angoisse de sacrifier ma jeunesse dans une monogamie forcée... pour se faire jeter à 45 piges pour une pré-pubère.
flop
✗ pas de self-control permanent, pour finir par passer pour une hystéro quand tu craques, de baiser en poids mort quand on veut pas mais qu'on se dit qu'il le faut...
Rien.

Il ne me demande même rien du tout à vrai dire.

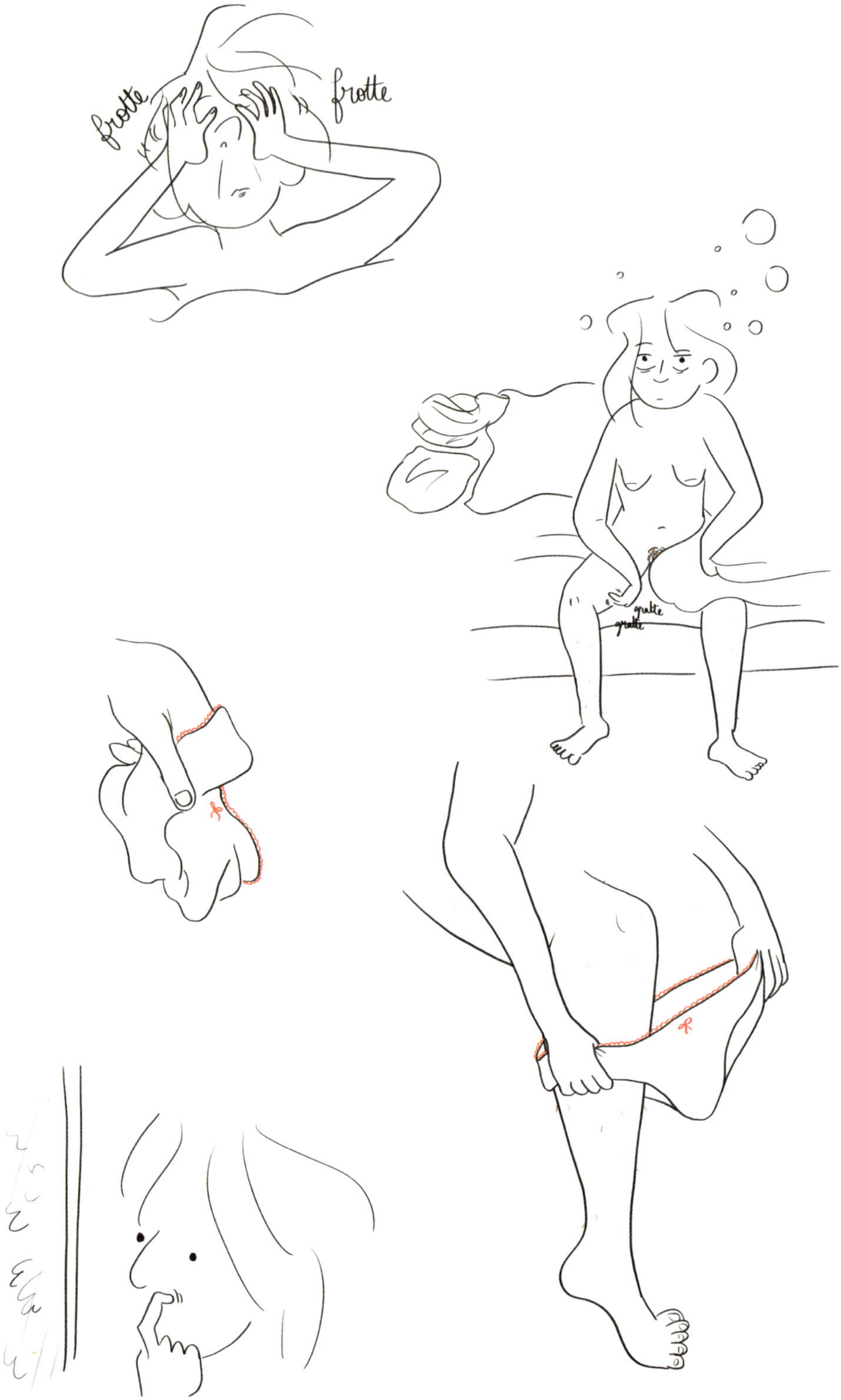
frotte
frotte
gratte
gratte

Toujours à monter sur de grands poneys, moi...
C'est QUOI le plan, là ?
J'ai foiré avec Max, je recommence avec Joséphine ?
Parce qu'entre femmes, ça serait forcément plus facile ?
Entre femmes on abandonne la société patriarcale ?
On vit heureuse, entre nous ?

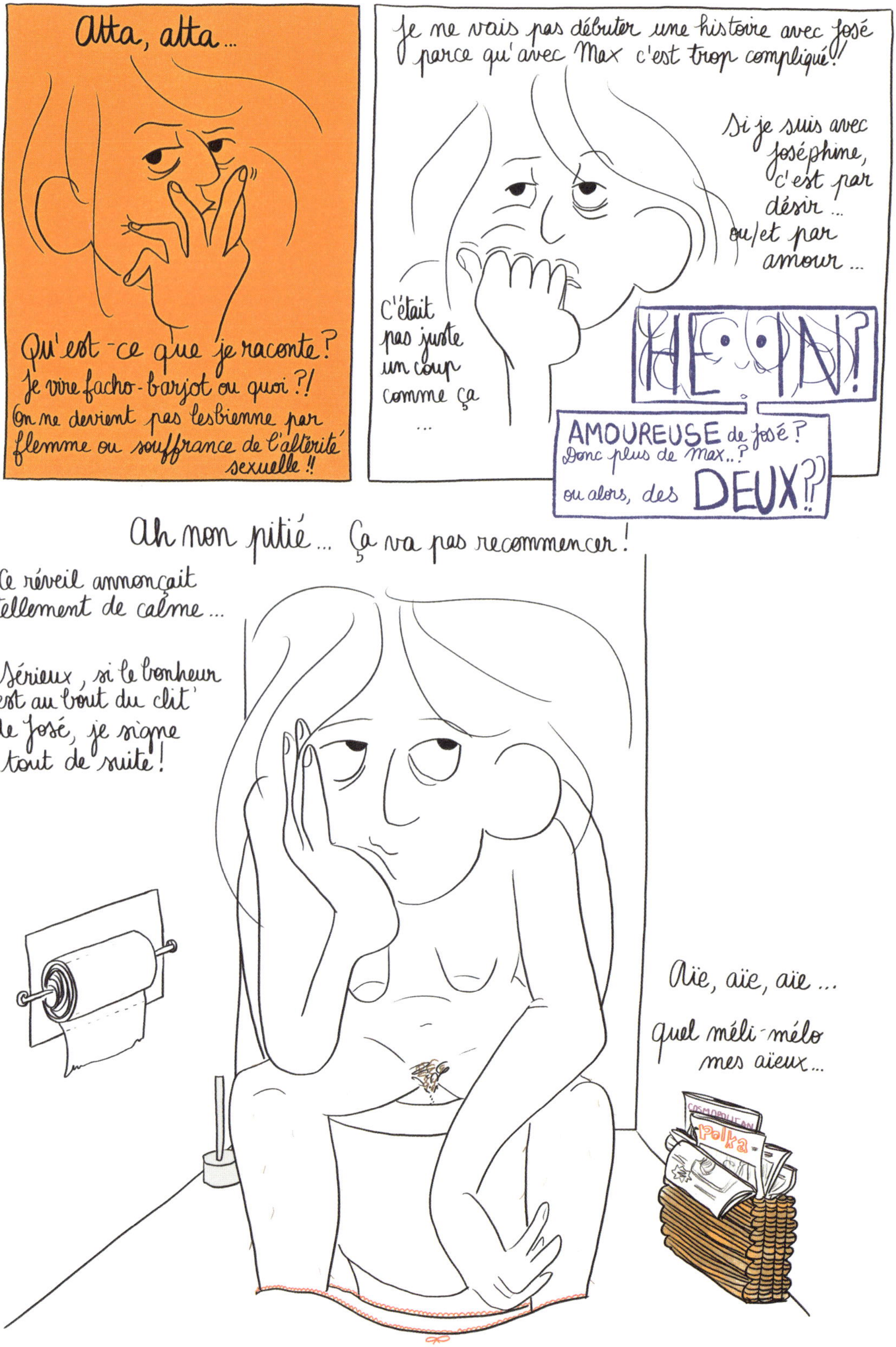

Atta, atta...
Qu'est-ce que je raconte ?
Je vire facho-barjot ou quoi ?!
On ne devient pas lesbienne par flemme ou souffrance de l'altérité sexuelle !!
Je ne vais pas débuter une histoire avec José parce qu'avec Max c'est trop compliqué !
Si je suis avec Joséphine, c'est par désir... ou/et par amour...
C'était pas juste un coup comme ça ...
HEIN ?
AMOUREUSE de José ?
Donc plus de Max... ?
ou alors, des DEUX ?!
Ah non pitié... Ça va pas recommencer !
Ce réveil annonçait tellement de calme...
Sérieux, si le bonheur est au bout du clit' de José, je signe tout de suite !
Aïe, aïe, aïe...
quel méli-mélo mes aïeux...
COSMOPOLITAN
Polka

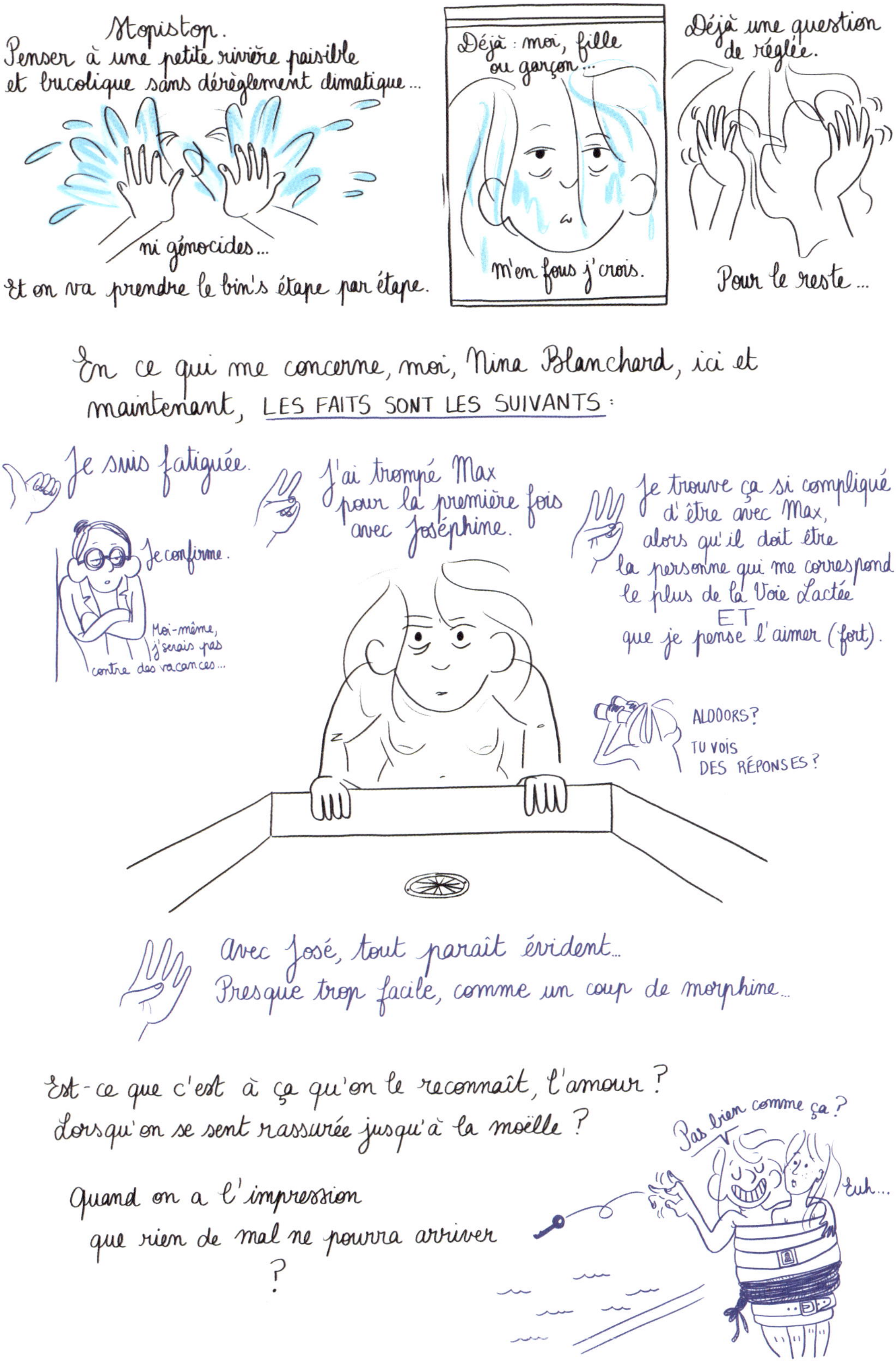
Stopistop.
Penser à une petite rivière paisible et bucolique sans dérèglement climatique...
ni génocides...
Et on va prendre le bin's étape par étape.
Déjà : moi, fille ou garçon...
m'en fous j'crois.
Déjà une question de réglée.
Pour le reste...
En ce qui me concerne, moi, Nina Blanchard, ici et maintenant, LES FAITS SONT LES SUIVANTS :
Je suis fatiguée.
Je confirme.
Moi-même, j'serais pas contre des vacances...
J'ai trompé Max pour la première fois avec Joséphine.
Je trouve ça si compliqué d'être avec Max, alors qu'il doit être la personne qui me correspond le plus de la Voie Lactée
ET
que je pense l'aimer (fort).
ALOOORS?
TU VOIS DES RÉPONSES ?
Avec José, tout paraît évident...
Presque trop facile, comme un coup de morphine...
Est-ce que c'est à ça qu'on le reconnaît, l'amour ?
Lorsqu'on se sent rassurée jusqu'à la moëlle ?
Quand on a l'impression que rien de mal ne pourra arriver
?
Pas bien comme ça ?
Euh...

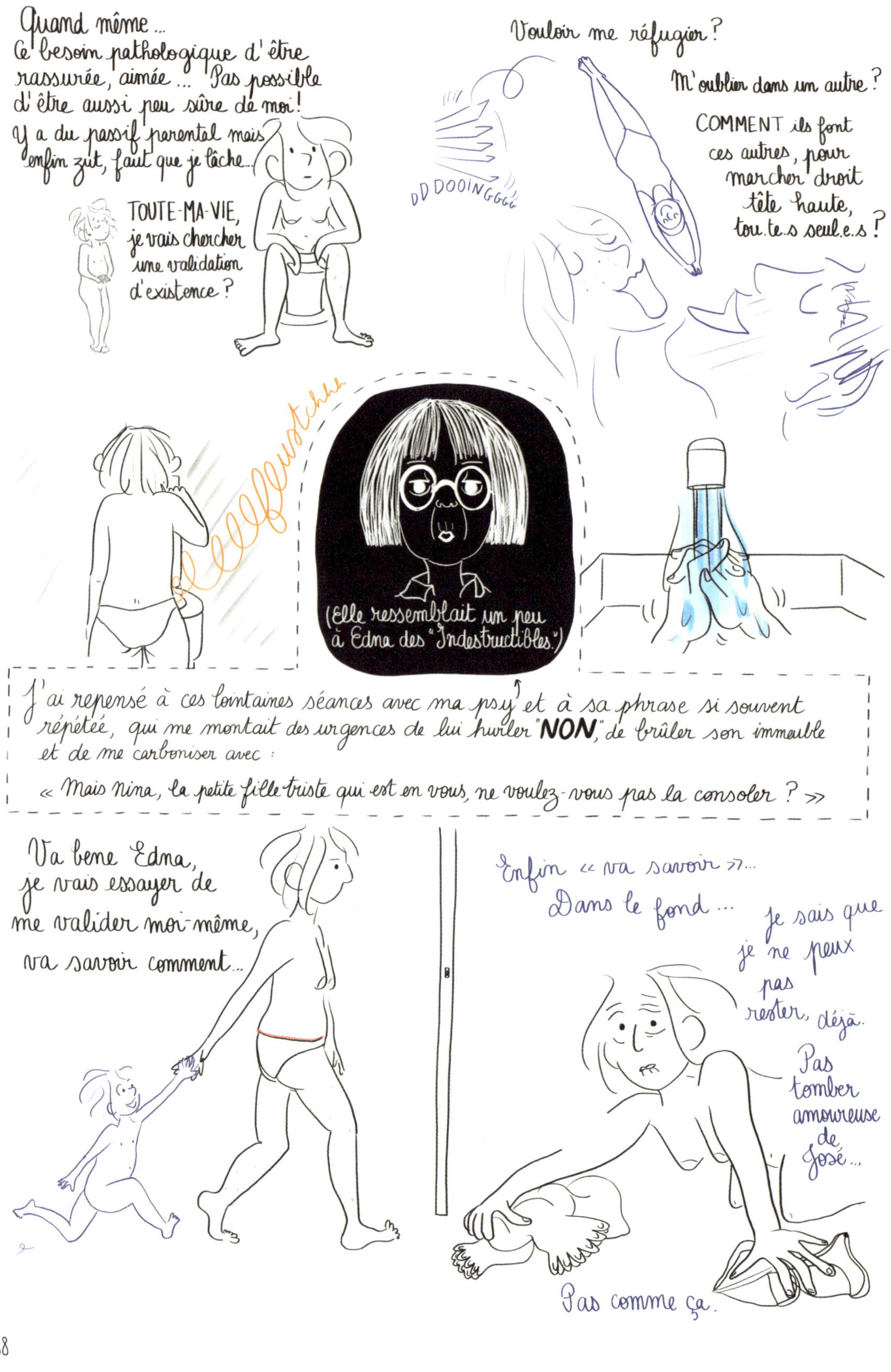

Quand même…
Ce besoin pathologique d'être rassurée, aimée… Pas possible d'être aussi peu sûre de moi! Y a du passif parental mais enfin zut, faut que je lâche…
TOUTE-MA-VIE, je vais chercher une validation d'existence ?
Vouloir me réfugier ?
M'oublier dans un autre ?
COMMENT ils font ces autres, pour marcher droit tête haute, tou.te.s seul.e.s ?
DDDOOINGGGG
(Elle ressemblait un peu à Edna des "Indestructibles".)
J'ai repensé à ces lointaines séances avec ma psy et à sa phrase si souvent répétée, qui me montait des urgences de lui hurler "**NON**", de brûler son immeuble et de me carboniser avec :
« Mais Nina, la petite fille triste qui est en vous, ne voulez-vous pas la consoler ? »
Va bene Edna, je vais essayer de me valider moi-même, va savoir comment…
Enfin « va savoir »…
Dans le fond…
Je sais que je ne peux pas rester, déjà.
Pas tomber amoureuse de José…
Pas comme ça.

J'ai ramassé mes affaires.

En si peu de temps, j'avais l'impression d'avoir vécu un an.
Un mot cognait dans tous les recoins de ma tête, en boucle :
« fébrile ».

Sur une feuille de papier, j'ai pris mon « stylo de famille » qui ne me quittait jamais et j'ai gribouillé ce que j'ai pu. Avec un horoscope, à la fin, en espérant très fort la faire rire, au moins un peu. Après tout, José était sans aucun doute bien la seule à les lire <u>tous</u>, en entier, chaque samedi. (En tout cas c'est ce qu'elle m'avait dit.)

Pour toi José ♡
A 15h01, j'envoyai l'article à Michel.
Joie de lait
NOUVELLE FORMULE NATURE!
Enrichi
pour plus de douceur
LOGITOURISM

À 16h01, Anaïs savourait sa première victoire.

Une victoire qui embrasa aussitôt l'ambition de ne surtout pas s'en tenir là.

Et puis, il a bien fallu rentrer.

Ou j'ai rêvé…
BIIIP
CLAK
FLAP FLAP
CROUIIC
Est-ce que c'est lui qui me guette à la fenêtre… ?
Surtout pas pleurer, c'est PAS à moi de pleurer toute façon il a dû s'en douter enfin non j'ai aussi dormi avant hier chez José… Par quoi je commence
"Faut que je te dise un truc." ? Non elle est affreuse cette phrase, mamma mia
…
En même temps j'vais pas lui demander comment était sa journée…
Ça y est, je suis à ce stade de ma vie, cette discussion clichée au possible de canapé :
"FAUT QUE JE TE PARLE."
Fais chier.
Max ?
(Raah, zut j'aurais dû prendre une douche AVANT !)
CLAC CLAC CLAC CLAC CLAC CLAC CLAC
Désolée de pas avoir prévenu hier…
…
…
Tu dis rien ?
FRIIIIIITCHHH
CLAC CLAC CLAC CLAC CLAC CLAC
Bon d'accord.
Je te demande pardon.
POUF
De ne pas avoir su te parler…
De t'avoir mis de côté ces derniers temps…
De t'avoir trompé…

Avec qui ?
Joséphine…
J'suis désolée…
Tu veux pas en parler…?
CLAC!
Je jure que j'ai jamais voulu te faire du mal, je m'excuse vraiment de tout mon coeur…
BONG
Tu mérites pas ça…
Tu ne mérites rien de tout ça…
BONG
Ça va Max??
T'es dans les toilettes parce que tu vas être malade ??
Ou juste paske c'était la première porte…?
Oh Max, je suis TELLEMENT désolée de te faire du mal…
Jsais plus, j'y arrive plus je trouve ça trop dur…
Je me sentais seule et incomprise et perdue…
Avec Joséphine on s'est comme consolées, je crois…

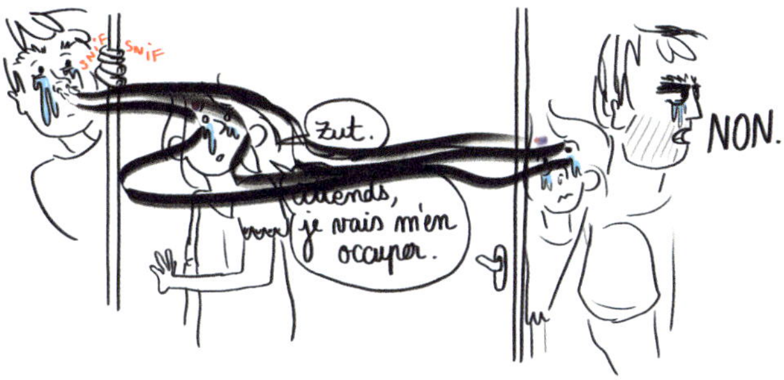

Je ne sais pas trop combien de temps on est restés sans parler, à penser et à respirer l'un à côté de l'autre. Il a fini par demander pourquoi, depuis quand et ce que ça voulait dire de moi, de nous, de lui...

On a parlé comme on s'était pas parlé depuis très longtemps.

Jusqu'à épuisement, quasiment.

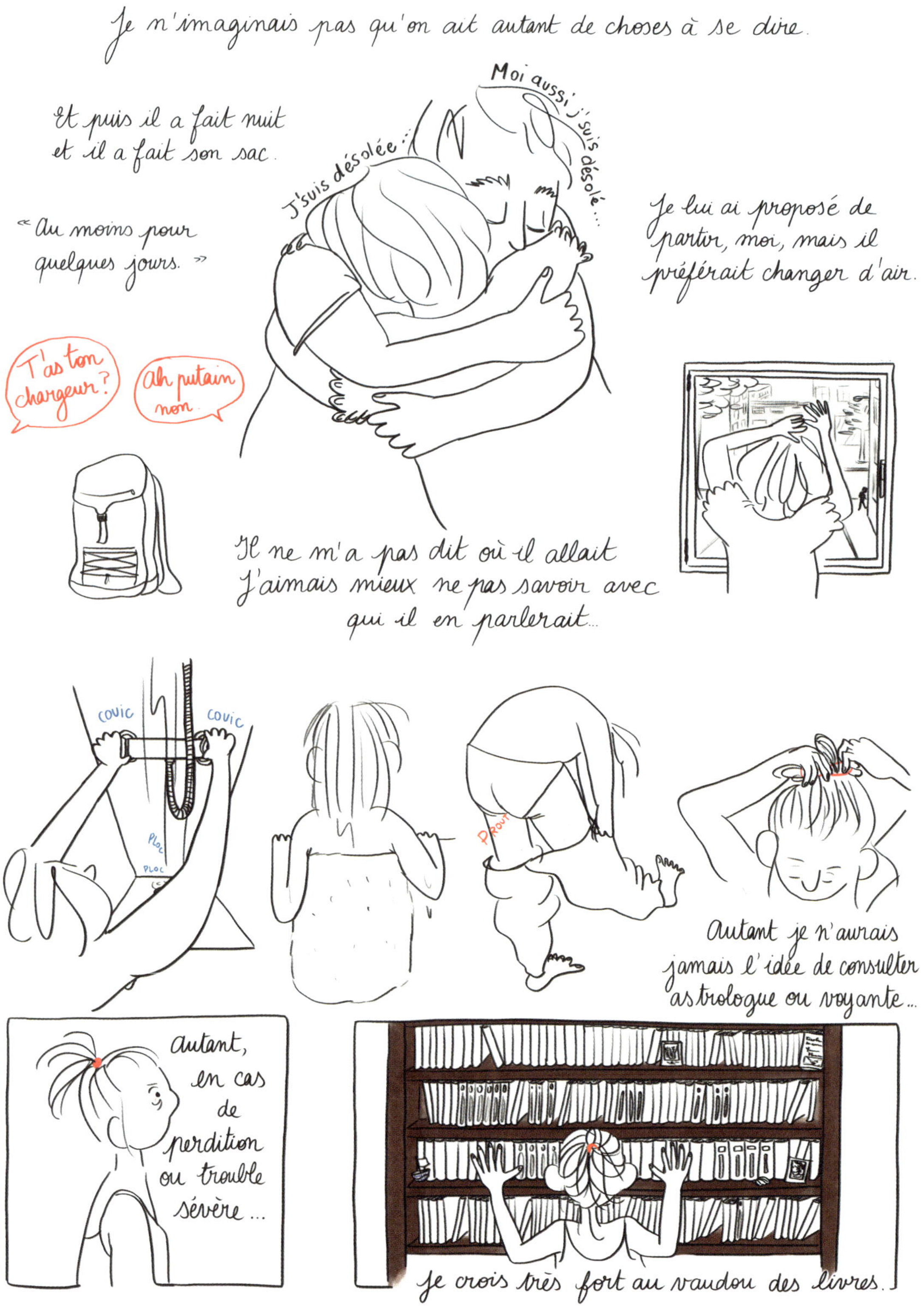
Je n'imaginais pas qu'on ait autant de choses à se dire.
Et puis il a fait nuit et il a fait son sac.
« Au moins pour quelques jours. »
J'suis désolée...
Moi aussi j'suis désolé...
Je lui ai proposé de partir, moi, mais il préférait changer d'air.
T'as ton chargeur?
Ah putain non
Il ne m'a pas dit où il allait
J'aimais mieux ne pas savoir avec qui il en parlerait...
COUIC
COUIC
PLOC
PLOC
PROUT
Autant je n'aurais jamais l'idée de consulter astrologue ou voyante...
autant, en cas de perdition ou trouble sévère...
Je crois très fort au vaudou des livres.

TOP!
« Les recettes végétariennes du monde » ?!
PFF... N'importe nawak !!
POUSSE
Fonctionne PAS DU TOUT ce vaudou !!!
Ah...
Tiens...
J'avais oublié que j'avais ça...
Lettres à la jeunesse
J'suis jeune après tout.
FLAP FLAP FLAP FLAP FLAP FLAP
Rainer Maria Rilke, « Quelque chose qui vous est propre veut des mots », 1903
Paris, le 17 février 1903
Cher Monsieur,
TOP!
« Vous regardez vers le dehors, et c'est là précisément ce que vous devriez ne pas faire aujourd'hui. Personne ne peut vous conseiller ni vous aider, personne.
Il n'est qu'un seul moyen. Rentrez en vous-même. Cherchez la raison qui, au fond, vous commande d'écrire ;

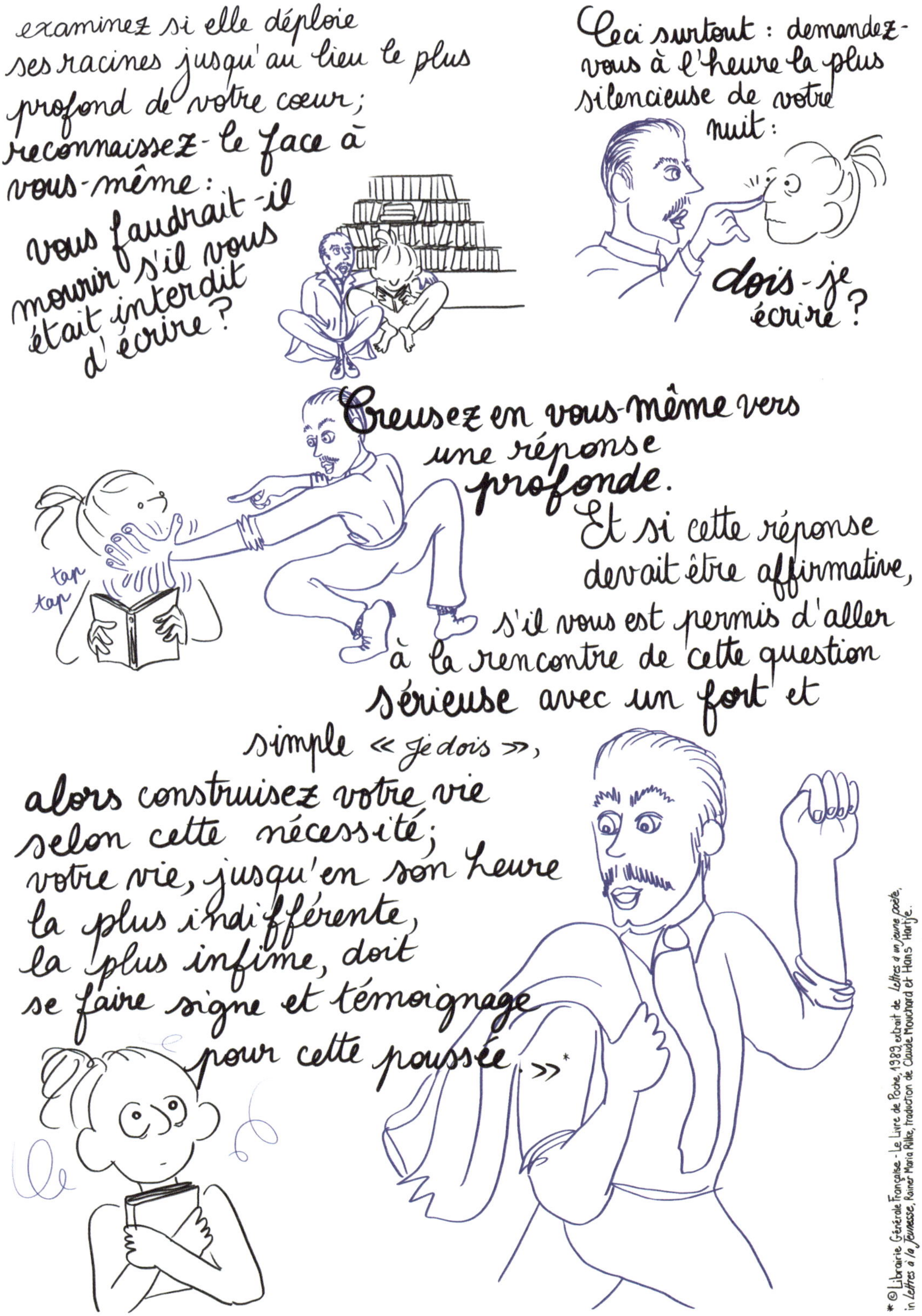

* © Librairie Générale Française - Le Livre de Poche, 1989, extrait de *Lettres à un jeune poète*, in *Lettres à la Jeunesse*, Rainer Maria Rilke, traduction de Claude Mouchard et Hans Hartje.

ah, enfin !
AGELIFTY

Sachant que la fin du livre approche, vous vous demandez peut-être :

(Vous anticipez, c'est humain.)

Est-ce que Nina va courir dans les bras de José, de Max, de Michel (?!), de personne, partir en rando-spiritualité, s'investir dans une asso de quartier, mourir d'un cancer (la pauvre), tout plaquer, adopter un chien ou retourner bosser comme si de rien n'était, lundi matin ... ?

- ☐ happy end
- ☐ apocalypse
- ☐ fin ouverte
- ☐ choré générale à la Demy
- ~~☐ morale~~
- ☐ mystère

Il n'y aura pas de coup de baguette magique en tout cas.
Ça, ça n'existe pas, nulle part, ni dans la vie ni dans les livres.
On ne se transforme pas d'UN COUP en carrosse, en femme comblée, en sagesse incarnée... bla bla bla ...
On peut avoir des révélations, des coups du destin mais, souvent, ça prend du temps et parfois, on n'entend rien. Ça frappe, ça cogne...
On ne voit rien. Et puis un jour quelque chose passe à travers une brèche. Un éclat. Des mots, de la lumière, quelqu'un.e.

Max, Joséphine, Aliénor, Anaïs, Rilke pour Nina.

Pour moi, l'écriture de cette bédé, je crois.

C'est très malin, une brèche. Ça entame en catimini, ça ne se fait pas remarquer. On vit notre vie, comme si de rien n'était, tandis qu'elle continue de creuser. En silence, doucement. Jusqu'à la trouée. Là, elle a fini, la brèche, elle a eu ce qu'elle voulait. Tout son ouvrage ne tendait que vers ce but : créer un passage.

Février 2020.
Je me réveille. J'ai une image.
Mon coeur bat fort.
Je n'avais pas oublié.
Je n'y avais jamais pensé.
Moi (Anne) qui écrit et dessine ça, je me dis que je ne vais JAMAIS y arriver, je vais me vomir dessus, peut-être même vomir mon coeur entier.
Je n'arriverai jamais à EXPLIQUER.
Je me réveille, je REvois, et je pense :
« Tiens, je n'avais jamais vu que c'était problématique »
Dissertation, vous avez une heure.
le contexte :
une fête l'été chez une copine
le lieu :
une sorte de cabanon de jardin
les personnages :
moi
• probablement maquillée à la truelle
• 18, 19 ans ?
• estime de soi zéro, boulimique, désespérée de trouver une once de validation quelconque
• amoureuse de TOUS les garçons
lui
• trop beau
• trop drôle
• trop sympa
(j'avoue, trop amoureuse de lui pendant tout le collège)
• pas trop plus d'infos
(je crois qu'il est déjà « allé aux putes », donc expérimenté)
Explique pour moi Nina… s'il-te-plaît
MES SOUVENIRS :
① Je me souviens d'être dans ce local pour coucher ensemble.
Je ne sais plus comment on s'y est retrouvés mais je suis sûre d'avoir eu envie.
(Trop beau, trop drôle, etc.)
On tambourine à la porte depuis l'extérieur
des machines font du bruit
② Je suis pénétrée sans préavis dans les fesses.
La douleur est si intense, que je m'évanouis.
COMMENT ON PEUT DESSINER « ÇA » ?
MÊME MOI EN L'ÉCRIVANT
je ne me fais plus confiance…
BESOIN DE
CRIER DANS L'EAU.
AAAAAAAAA

BREF.
③ Je reviens à moi, peu à peu.
Je ne sais pas combien de temps je suis partie.
Je suis un corps mort qui se fait pénétrer (dans le vagin je crois) contre une porte.
Une faible lumière hideuse filtre péniblement du dehors.
D'une main il me soutient, de l'autre il cale la porte.
Je suis parfaitement réveillée, je me revois là-bas. C'est bizarre.
Pourquoi ça ne m'a **jamais** choquée ?
Je pense à mon anus qui saigne souvent.
*
Qui a saigné je crois beaucoup suite à cette nuit-là.
Des bleus aussi, non ?
Mais, ça ne veut rien dire, je marque très facilement.
Est-ce qu'il a VU que j'étais tombée dans les pommes ?
Est-ce que j'en ai déjà parlé ?
Est-ce que quelqu'un le SAIT ?
COMMENT j'ai pu me dire que c'était OKAY ?
Beaucoup de pensées se bousculent.
Qui était à cette soirée ?
C'est IMPOSSIBLE que ça se soit VRAIMENT passé comme ça, NON ?!
Comment ça s'est fini ?
À qui je vais pouvoir demander... À lui ?
APRÈS, est-ce qu'on a parlé lui et moi ?
Est-ce qu'on s'est revu plus tard ?
Je l'ai pas félicité pour son mariage l'année dernière ?!! Sur Facebook !!
Il n'a pas répondu...
COMMENT j'ai pu ne rien lui dire ?
Est-ce qu'il s'en souvient ?
Est-ce qu'il y pense ?
Et si je le recroise ?
J'étais un POIDS MORT... On ne pénètre pas une personne inconsciente, c'est comme baiser UN CADAVRE.
POURQUOI J'Y PENSE MAINTENANT, DIX ANS APRÈS ??
COMMENT je peux trouver LA PREUVE ?
QU'EST-CE QUE JE FAIS ?
Les faux souvenirs, ça existe...
Je voudrais tellement lui demander... Mais s'il me dit que je mens !
Comment il a pu faire ça ?
QUI FAIT ÇA ? Comment j'appelle « ça » ?
Est-ce qu'il n'était pas tellement ivre qu'il n'aurait pas capté ?
Alors je pars courir.

Il y a trop de vacarme en moi pour écouter de la musique.
Où est-ce qu'il est, là ?
Si j'appellais elle saurait ?
Ou j'appelle ?
comprends PAS.
vais vomir...
J'arrive pas à y croire
Mais je tente, pour ARRÊTER de penser.
Ma playlist « SPORT » adorée me file la gerbe, il y est à 90% question d'une cochonne sexy que le chanteur va finir par réussir à baiser comme une bête.
(Depuis... toujours je crois, j'ai cette "drôle" de vision fréquente de moi hurlant à la mort de douleur devant le cadavre de mon futur enfant.)
AAAAAAA
(Jovial.)
moi
mon enfant mort
Je me suis toujours expliqué ce « fantasme » par une histoire familiale contrastée (comme toutes les familles, mais bref).
(Oui, j'avais fait mes p'tites recherches.)
Plus je cours...
Plus je me dis : LÀ, ce serait le moment de hurler à la mort.
J'ai le droit d'avoir la rage, c'est injuste, lui, il doit être pépère alors que moi j'ai envie de CREVER.
(Je remets de la musique, pour m'encourager.)
(Même, je ferme les yeux !)
AAAAA
(Ça fonctionne.)
Ouh là... Pas bien elle...

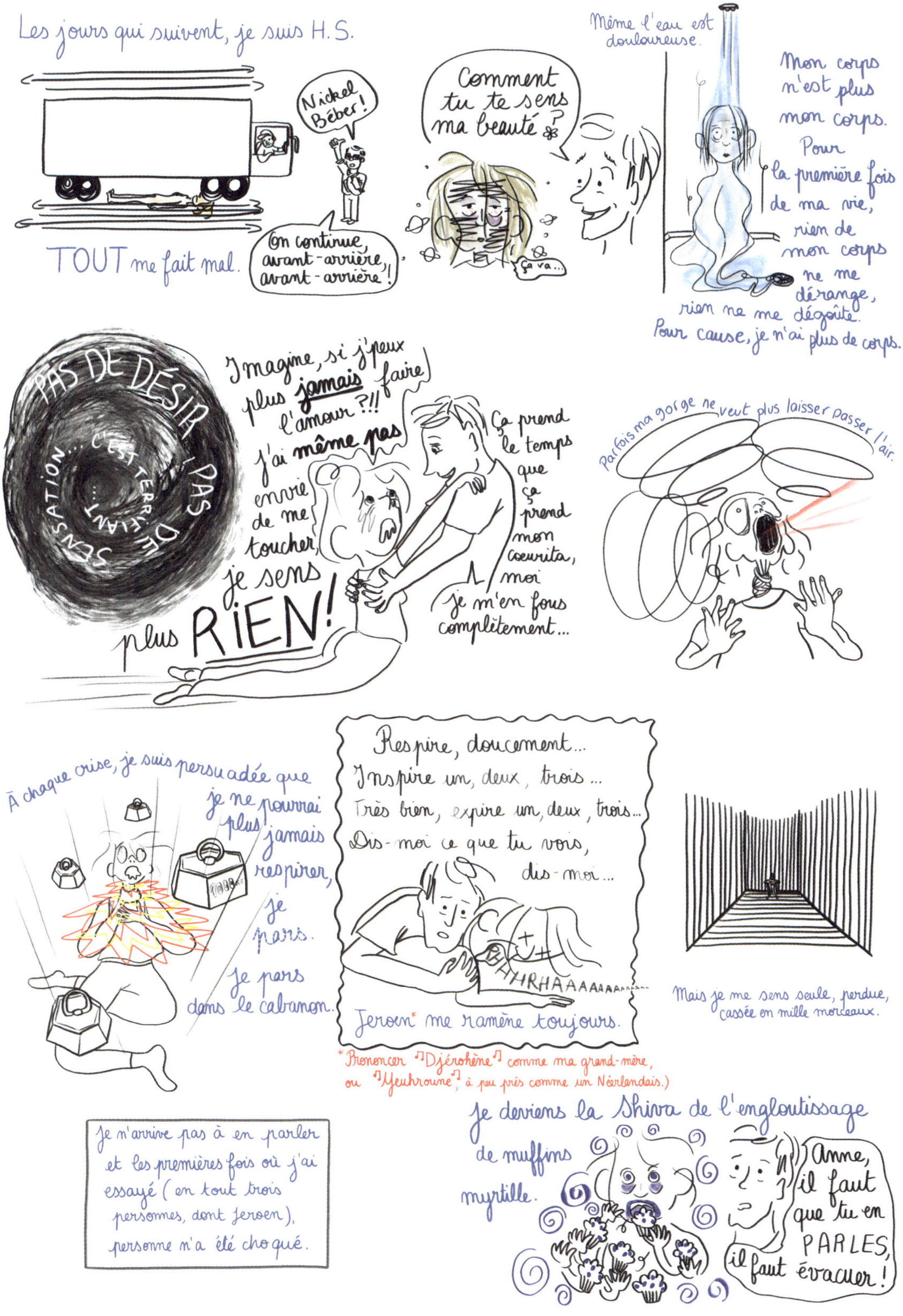
Les jours qui suivent, je suis H.S.
Nickel Béber !
On continue, avant-arrière, avant-arrière !
TOUT me fait mal.
Comment tu te sens ma beauté ?
Ça va...
Même l'eau est douloureuse.
Mon corps n'est plus mon corps. Pour la première fois de ma vie, rien de mon corps ne me dérange, rien ne me dégoûte. Pour cause, je n'ai plus de corps.
PAS DE DÉSIR ! PAS DE SENSATION... C'EST TERRIFIANT...
Imagine, si j'peux plus jamais faire l'amour ?!!
J'ai même pas envie de me toucher, je sens plus RiEN !
Ça prend le temps que ça prend mon coeurita, moi je m'en fous complètement...
Parfois ma gorge ne veut plus laisser passer l'air.
À chaque crise, je suis persuadée que je ne pourrai plus jamais respirer, je pars. Je pars dans le cabanon.
Respire, doucement... Inspire un, deux, trois... Très bien, expire un, deux, trois... Dis-moi ce que tu vois, dis-moi...
BHHRHAAAAAAA
Jeroen* me ramène toujours.
Mais je me sens seule, perdue, cassée en mille morceaux.
*Prononcer ♫Djérohène♫ comme ma grand-mère, ou ♫Yeuhroune♫, à peu près comme un Néerlandais.)
Je n'arrive pas à en parler et les premières fois où j'ai essayé (en tout trois personnes, dont Jeroen), personne n'a été choqué.
Je deviens la Shiva de l'engloutissage de muffins myrtille.
Anne, il faut que tu en PARLES, il faut évacuer !

Le plus dur, c'est de ne pas être SÛRE.
Comment savoir si mes souvenirs sont les bons ?
Je suis terrifiée à l'idée de « faire mon intéressante ».

Quand mon éditrice m'a proposé de rajouter « ça » à la bédé, j'y pensais déjà depuis un moment. Comment l'éviter ? Dans un livre sur le corps, plutôt très personnel, qui plus est. Que ce soit bien clair : la seule idée d'en parler (je ne m'autorise surtout pas à l'imaginer imprimé) me fait cauche-marder. Mais j'aurais eu le sentiment de mentir en l'éludant.

Comment Nina pourrait, elle aussi, se sentir mieux dans son corps, dans sa tête, si je n'abordais pas ce qui m'était arrivé à moi ? Il fallait arracher le pansement, pour elle aussi.

Le plus logique semblait d'inclure cet « épisode » à la vie de Nina. Mais ça ne collait pas... Ça faisait artificiel, cousu de bric et de broc... Malgré tous mes efforts, ça ne voulait pas rentrer.

Ce n'était PAS l'histoire de Nina.

Nina peut me ressembler, mais elle n'est pas moi.

Son passé est différent, elle a une autre histoire... Même si on partage certainement des mêmes souvenirs "de fille", des flous, des doutes, des hontes, des violences...

Avec cette aventure, Nina avait commencé à entrouvrir sa boîte et, par accident, ouvert la mienne.

La sienne était au prochain arrêt.

Voici déjà la rentrée de septembre, les cartables et la fin des longues soirées. L'été a filé, emportant avec lui l'enquête, les pépitos, les poils, les rencontres, les aventures avec José, les mises au point avec Max...
LA MINISTRE DE L'ÉDUCATION NATIONALE A CONFIRMÉ CE MATIN, AU MICRO DE FRANCE INTER, L'AJOUT AU PROGRAMME DÈS JANVIER PROCHAIN ET CE, DE LA 6ÈME À LA TERMINALE, D'UNE MATIÈRE BAPTISÉE : « ÉDUCATION AUX CORPS, AUX SEXUALITÉS ET À L'HISTOIRE DES DISCRIMINATIONS. »
YES! Anaïs, Présidente!
MERCI LAËTITIA, RETOUR À VOUS...

Croyez-le ou pas...
Mais des relais massifs de youtubeu.r.ses et autres influenceu.r.ses,
... suivis de vidéos de Brut, Clique TV, Konbini, Quotidien ...
... des articles à la chaîne, deux J.T. de 20h et trois matinales radio...
... avaient propulsé Anaïs (entre autres) dans le cabinet de la Ministre de l'Education Nationale, avec une issue visiblement positive.

ANAÏS DONNAIT TOUT DEPUIS DES MOIS, INFATIGUABLE (POUR LE MOMENT EN TOUT CAS).
Oui, j'ai reçu insultes, menaces, appels au viol... Mais beaucoup de remerciements, de messages d'amour, de soutien, c'est de ça qu'il faut parler !
F4
Direct
L'INFO LIVE
#CHANGEMONBACD'ABORD
Voir comment des centaines de lycéennes ET de lycéens ENSEMBLE se mobilisent dans d'autres établisse-ments c'est une telle joie, une émotion de OUF !
La vache !
AFFAIRE ALIÉNOR GALIANNE, l'enquête exclusive.
Des ados demandent un réel changement et l'obtiendront, voici pourquoi.
Quelle classe c'te petite !
MENU

LE MONDE.FR
À quelques jours du BAC, ces élèves ont prévenu : ils ne le passeront pas, tant qu'ils n'auront pas la garantie d'un nouveau projet pédagogique incluant « une vraie éducation sexuelle », dixit Anaïs Brakni, une des figures du mouvement. En réalité, la loi prévoit déjà quelques séances, certes bien souvent non dispensées dans les établissements. Surprenante, cette mobilisation massive ? Pas tellement, selon l'enseignante Clara Bauer, (...)
Libé
Anaïs Brakni,
portrait d'une jeune fille en feu.
CHANGEMONBAC D'ABORD !
QUELLE SOCIÉTÉ POUR NOS ENFANTS ?
MANIFESTATION : LA MOBILISATION S'ÉTEND AU PAYS
BIP BIP
FRANCEINFO maintenant
12 syndicats enseignants rejoignent la grève #CHANGEMONBACDABORD
12:14
ences policières
éens blessés,
continue.
Perso, je trouve qu'on doit changer plein de trucs à l'école : étudier plus de voix féminines et issues des minorités, une histoire complète des violences coloniales et de leurs conséquences...
MON BA D'ABOR
DIRECT 3
Bien sûr que ça me concerne ! Nous aussi, on veut se libérer d'un rôle, du gars traditionnel tout frustré qui peut pas pleurer, pas kiffer le fuschia ni le ballet... et genre connaître le corps des filles, pardon mais QUI n'a pas envie ?

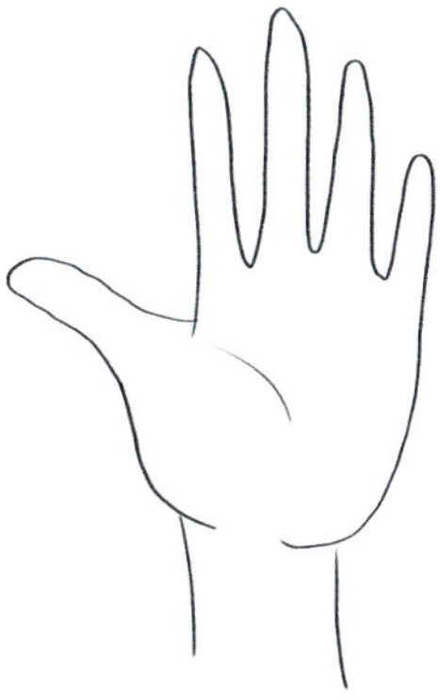

ATTENDEZ.

Pour revenir deux secondes à Nina, elle serait donc reconvertie en fleuriste ?!

Dans ce marasme économique et sans aucune formation ?

Je crois pas, nan...

À d'autres hein, les changements de carrière ambiance "Sous le soleil" !

Non, moi je la vois plutôt démarrer un podcast en parallèle du journal...

Pourquoi pas à la limite prendre une année sabbatique pour tâcher d'écrire son roman.

Ou alors elle vrille complet et se lance dans le théâtre de rue.

Non, faut pas pousser...

Et Max et Joséphine, au fait ? Est-ce qu'ils font toujours partie du tableau ?

Le mieux c'est que je vous raconte moi-même.
Je ne suis pas du tout fleuriste !
Enfin, c'est la fleuriste en bas de chez moi qui m'a proposé, bon enfin bref, on s'en fout en fait. J'suis pas fleuriste.
J'ai déménagé en revanche.
hi hi hi
Jsuis une tarée je vais finir sous les ponts quitter un CDI en journalisme quelle ingrate la folle furieuse ALLEZ VAS-Y J'IMPRIME !!
LettreDem.doc
imprimer
TIP
Joséphine
(...) Et VLATIPAS que Michel me propose un poste combiné du tien et du mien, ce filou !
Un double poste sans garantie d'avoir les moyens ni le temps de correctement remplir les deux missions, en plus du web, et sans double salaire ?
On va donc négocier un peu avant de signer...
« Destination destinataire. Que cela t'inspire-t-il, Verseau ? D'ailleurs, à qui était adressée ta dernière carte postale ? Si tu échappes à ta mauvaise humeur, tu pour-ras appeler ta mamie (si tu en as une), ou ta maman (il est temps) et enfin songer à ces mots d'Angela Davis : "Je n'accepte plus les choses que je ne peux pas changer. Je change les choses que je ne peux pas accepter." »
tip tip tip tip tip tip tip tip
José a insisté pour que je continue mes faux horoscopes en freelance.
J'avoue, j'étais pas contre.
Ça me fait marrer.

* Benoîte Groult

flop flip flop flip
hé hé hé
Ah nan mais pour de bon, elle est trop gentille Véro! Moi j'y ai dit net de mettre un STOP. Un stop complet.
La pauvre... Me fait trop de peine.
Oh, sinon, j'ai testé le vibro de Domi, là...
T'inquiète que tu dors bien, après!
On a trop rigolé avec Roger!!
Ah ui?
Tu me passeras les références?
Ciaooooooooo!!
Salut les beautés!
à la prochaine!

Fin

Remerciements
Cette bédé n'aurait pas pu voir le jour sans, dans l'ordre chronologique :
Aurélia Robin-Ascher et Magali Jacques-Murer, qui m'ont guidée vers Elodie Bourdon
et Mélissa Lagrange, vers leur confiance, leur patience, leur générosité solaire et
leur idée géniale d'embarquer Stéphanie Chabert, éditrice aux ressources quasi
inépuisables, sans qui ce livre n'aurait jamais été le même. Il n'y avait que
toi pour m'accompagner comme ça, j'ai tant appris ; encore merci à
toutes les trois.
Pour ton aide entre deux révisions d'examens, merci Louise.
Merci à Arte et Pierre de Vaulx, à Honkytonk Films et Arnaud
Dressen, viva « Poilorama » et leurs auteur.ice.s.
Merci à Sara Piazza, Fiona Schmitt, Ovidie, Charlotte Bienaimé et
tant d'autres femmes extraordinaires qui nourrissent des pensées,
des espoirs, des vies meilleures.
La sororité n'est pas encore un réflexe généralisé, mais il me semble
qu'avec cette bédé j'ai mesuré toute l'étendue de sa puissance, de
sa douceur, et à quel point elle peut illuminer chaque chose de la vie.
Mes amies, et mon amie de sang ma soeur, merci.
Particulièrement pour ce livre, Ana, Aurélia et Clara.
Mais aussi Amélie, Anne, Fiona, Gimena, Louise, Lucas,
Marielle et Nelson, toujours avec moi.
Merci à Katherine et à Sarah.
Enfin, à mon "partenaire de vie", le meilleur, merci
Jeroen de m'aider toujours, avec un inconditionnel et
inestimable amour, à garder le cap et à en inventer
de nouveaux.
Merci à vous qui avez lu jusqu'au bout. ♥
tip tip tip
tip tip tip
Remerciements
CLAP!

PAPIER À BASE DE FIBRES CERTIFIÉES

LAROUSSE s'engage pour l'environnement en réduisant l'empreinte carbone de ses livres. Celle de cet exemplaire est de :
1,7 kg éq. CO_2
Rendez-vous sur www.larousse-durable.fr

Achevé d'imprimer en Espagne
par Macrolibros SL
Dépôt légal : septembre 2021
326428 /01 – 11044706 – juillet 2021